MAGISCH REISEN

Mit dem Herzen die Welt erleben und zu sich selbst finden

Erholungsreisen, Bildungsreisen, Abenteuerreisen – es gibt viele unterschiedliche Wünsche und Erwartungen rund ums Reisen. In einer Zeit des Umbruchs, in der fast jedes Ziel auf unserem Erdball Reisenden zugänglich ist, in der es kaum noch geographisch weiße Flecken gibt, kann Reisen jedoch einen neuen Sinn gewinnen. Die Faszination der Begegnung mit anderen Ländern, Menschen und Kulturen liegt nicht mehr nur im vordergründigen Erleben der Exotik des Andersseins, sondern darin, was wir über uns selbst und über unser gemeinsames menschliches, kulturelles, religiöses Erbe erfahren. **MAGISCH REISEN** ist die Aufforderung zum Reisen in fremde Länder, als blicke man in einen Spiegel der eigenen Seele.

Die Idee für die Reihe **MAGISCH REISEN** stammt vom bekannten Fachbuchautor, Astrologen, Mythenforscher, Journalisten und Dramaturgen Bernd A. Mertz. Er, der Goldmann Verlag und der Herausgeber legen eine in sich geschlossene Reihe vor, die allerdings der Einzigartigkeit von Land, Themenkreis und Autor/in immer individuellen Spielraum öffnet.

MAGISCH REISEN, das heißt anders reisen: Orte der Kraft und heilige Stätten erleben, Göttern und Heiligen, Urgestalten und Heroen begegnen und die Welt der Mythen und Märchen, der Sagen und Fabeln betreten.

MAGISCH REISEN heißt auch anders lesen: mit Verstand und Herz, mit Gefühl und Seele in Geschichte und Geschichten, in Stimmungen und Landschaften, in geistige Botschaften und heilige Energien eintauchen, äußere Reisen zu inneren Erfahrungen machen, im Geiste in ferne Gefilde entschweben, ohne den Fuß vor die Türe zu setzen.

MAGISCH REISEN möchte die Leser/innen dazu inspirieren, das Leben als die magische Reise zum eigenen Sinn zu erfahren, auf deren Wegstrecke die äußeren Reisen in immer wieder neue Winkel unserer alten Mutter Erde auch immer wieder neue Anstöße zur bewußten Lebensreise sind.

Der Herausgeber

Klausbernd Vollmar

ENGLAND

DIE INSEL DER NEBEL

Photographien von Roswitha Mecke

Goldmann Verlag

Herausgegeben von Wulfing von Rohr
Originalausgabe

Der Goldmann Verlag
ist ein Unternehmen der Verlagsgruppe Bertelsmann

Made in Germany · 3/93 · 1. Auflage
© 1993 by Wilhelm Goldmann Verlag, München
Umschlaggestaltung: Design Team München
Umschlagphoto (vorne): TWS
Umschlagphoto (hinten): TIB, München
Kartographie: Astrid Fischer, München
Belichtung: Compusatz, München
Druck: Presse-Druck Augsburg
Verlagsnummer: 12296
Redaktion: Dieter Löbbert
Ba · Herstellung: Sebastian Strohmaier
ISBN 3-442-12296-1

»In th' olde dayes of Kyng Arthour,
Of which that Britons speken greet
Al was this land fulfild of fayerye
The elf-queene, with hir joly compaignye
Daunced ofte in many a grene mede«

»In den längst vergangenen Tagen von König Artus,
von dem die Briten mit großer Verehrung sprechen,
war dieses Land von Zauberwesen bevölkert.
Die Elfenkönigin tanzte mit ihrem lustigen Gefolge
sehr häufig auf mancher grünen Wiese«

Widmung und Danksagung

Dieses Buch ist allen meinen englischen Freunden gewidmet, die mich über Jahre hinweg humor-, liebe- und verständnisvoll in ihre Kultur einführten. Besonderer Dank gilt Barbara Widdup, die auf Fahrten durch England unermüdlich meine »German« Sichtweise ironisierte, und meinem Freund Richard Keelham, der nie müde wurde, mir sein enormes Wissen über geschichtliche und politische Zusammenhänge zu vermitteln. Ohne »Dick« hätte ich viele interessante Verbindungen übersehen – und außerdem: ganz herzlichen Dank für die beständige emotionale Unterstützung. Dank möchte ich auch aussprechen meinen Nachbarn, den Künstlern der Töpferei und Silberschmiede von Cley, hier besonders Gunhild Espelage für ihre Hilfe in schweren Zeiten und ihre kritischen Anmerkungen und Korrekturen. Ebenso bedanken möchte ich mich bei Betty und Brian Bland, die mir viele Tips gaben und mich besonders mit wichtigen Büchern versorgten. Ferner sei Toni H. aus Cley, Mary und Bill aus Haltwhistle und dem Förster Dave Woods und Booj aus dem Exmoor Forest, Hajo Banzhaf und meiner hilfreichen Lektorin Diane von Weltzien gedankt. Und last not least herzlichen Dank der Fotografin Roswitha Mecke, die meine Launen auszuhalten wußte, ohne den klaren Blick durch das Objektiv zu verlieren, wie auch Herrn Dr. Martin Haeusler für das Korrekturlesen des Manuskriptes.

Cley next the Sea, Beltane-Fest 1992

Inhalt

Einleitung:
Der Geist des Ortes 9

Der magische Ort
als Fenster in graue Vorzeit 31
Steine, Gräber, Fruchtbarkeitssymbole 31 · Fruchtbarkeitsriten 45 · Vorrömische Erdbefestigungen 54 · Tarr Steps 60

Kraftlinien der Erde –
Alte Königsstraßen in England 63
Ein englischer Exzentriker und der gerade Weg – Alfred Watkins 63 · Alte Wege im Exmoor Forest 75

Druiden, Merlin und König Artus 83
Die unbekannten Weisen 83 · Das klassische Dreiecksverhältnis: Die Artus-Sage 90 · Glastonbury, die Insel der Glückseligen 106

Heilige Stätten der Christen –
Kirchen, Klöster und heilige Brunnen 117
Wie alles begann 117 · Heiliges Wasser 124 · Keltische Kreuze 128 · Culbone und die Romantiker 131 · Kathedralen und Klöster 139 · Der Friedhof von Saint Mary's Church in Scarborough 149

Orte besonderer Naturmagie 151
Mannington Hall und die Rosen 153 · Seehunde, Möwen und viel Strand – Blakeney Point 167 · Der alte Kreis zwischen Hecken – Warham Camp 181

Geister und wilde Tiere 185
Ein Geist kommt selten allein 185 · Die bekanntesten Geister Englands 187

England –
Ein Land der Spiritisten und Geistheiler . . 201
Die höhere Ebene des Skurrilen – Spiritualisten, eine Erfolgsautorin und die königliche Familie 201· Geistheiler in England 206

Literaturverzeichnis
und wichtige Adressen in England 211

Register 215

Einleitung

Der Geist des Ortes

Eines hat der Engländer mit seiner Redensart »My home is my castle« (»Mein Heim ist meine Burg«) treffend auszudrücken vermocht: Der allererste, auch magische, Ort ist das Heim – die Wohnung, das Haus. Deswegen nennen auf der britischen Insel sehr viel mehr Menschen ein Haus ihr eigen als Bewohner des Kontinents. Die Engländer bezeichnen sich als Haus- und Gartenmenschen – was schon Heinrich Heine in seinen Reisebildern feststellte. Aber England hat noch weit mehr an magischen Plätzen zu bieten.

Der Kornkreis, der hauptsächlich an heiligen Stätten Südenglands auftritt, verkörpert geradezu den idealtypischen magischen Ort der Neuzeit. Was früher für England die Spukphänomene waren, das sind heute die seltsamen Gebilde auf den Feldern, die als ideale Projektionsflächen für nicht nur den englischen Geist angesehen werden können. Mit dem Kornkreis wie mit jedem magischen Ort tritt uns das Nichtfaßbare entgegen, und in der Konfrontation mit ihm erkennen wir uns selbst, denn es spiegelt unseren eigenen Standpunkt perfekt wider. Unsere Deutungen der spiralförmigen Bodenmuster in den Getreide-

Die Kornkreise

und Rapsfeldern sagen mehr über uns selbst aus als über das eigentliche Phänomen selbst.

Ähnlich verhält es sich mit Stonehenge und den meisten anderen megalithischen Relikten. Das Unerklärliche, dem wir in den Kreisen aus Korn und Stein, in den künstlichen Hügeln Englands – Cley Hill, Glastonbury Tor und Silbury Hill – und der Aura seiner alten Bauwerke begegnen, reflektiert uns selbst auf wunderbare Weise. In den Korn- wie in den Steinkreisen vermag jeder das zu erkennen, wozu ihn sein eigenes Inneres drängt. Die Magie des jeweiligen Ortes bewirkt, daß sich eine Ergriffenheit einstellt, die meist nach einer Erklärung verlangt. Wie sich diese Ergriffenheit allerdings individuell ausdrückt, hängt vom jeweiligen Standpunkt des Besuchers ab. Natürlich kann man über den Getreidekreisen, den pyramidenförmigen Hügeln und den Steinkreisen Ufos sehen, dort auch Engel, alte Göttinnen und Götter oder Naturgeister erahnen; vielleicht offenbart sich dem Betrachter aber auch gar nichts, oder er bemüht sich um physikalische Erklärungen – kurzum, ich sehe immer das, was meiner inneren Welt entspricht.

Reflexionen der Seele

Der schöne Ort

Dem Menschen scheint ein Trieb zur »Verschönerung« der Natur innezuwohnen. Das Unberührte, Rohe fordert den Künstler heraus, es zu veredeln, um das bereits ihm innewohnende Gute zu nutzen und zu steigern. Schon die Römer kannten das Ideal des »locus amoenus«, des schönen Ortes, und zur Zeit der großen Landschaftserneuerung in England dachte der deutsche Philosoph Georg Wilhelm Friedrich Hegel (1770–1831) über

Blickling Hall – ein typischer Landsitz in Norfolk

das Natur- und Kulturschöne nach. England trat damals in seine große imperialistische Epoche ein, der jeder Geschichtspessimismus fernlag. Man mußte nicht unbedingt ein kümmerliches Erdendasein fristen, um schließlich Eingang ins Paradies zu finden, sondern nahezu ganz England sollte in jener Zeit zu einem blühenden Garten Eden werden.

Es war die große Ära des visionären Landschaftsarchitekten Capability Brown (1716–1783). Eigentlich hieß er nach einem Ritter der Artusschen Tafelrunde Lancelot, aber da Mr. Brown als fortschrittsgläubiger Aufklärer alles möglich zu machen schien, bekam er den Beinamen »die Fähigkeit« (Capability), unter dem er dann weit über die Grenzen Englands hinaus bekannt wurde. Brown gestaltete nicht nur die riesigen Güter des Landadels nach dessen Geschmack um, sondern er verfolgte dabei immer auch die Idee, die englische Landschaft zum Abbild des Paradieses zu machen. Brown war von der Haltung geprägt, die Goethe in seinem alchimistischen Werk »Die Wahlverwandtschaften« ironisierend wie folgt schildert: »Mit möglichster Schonung der alten Denkmäler [...] alles so zu vergleichen und zu ordnen, daß es ein angenehmer Raum erschien, auf dem das Auge und die Einbildungskraft gerne verweilte.«

Natur und Aufklärung
Der ausgreifend erobernde Geist der Aufklärung trat der Natur mit der hehren Absicht entgegen, an ihr die Illusion seiner Selbstmächtigkeit zu verwirklichen. So etwa sieht es Goethe in seinem Roman, dessen Protagonisten in der Freiheit und Offenheit der Parklandschaft nach englischem Vorbild ihren destruktiven Leidenschaften anheimfallen, während Tod und Unglück die edel bis ins Detail stilisierte Natur zum Hintergrund haben. Und von den »schönen neuen Bäumen« läßt Goethe den alten Gärtner zu Recht sprechen: »Man pfropft und erzieht, und endlich, wenn sie Früchte tragen, so ist es nicht der Mühe wert, daß solche Bäume im Garten stehen.«

In Blenham Castle bei Oxford und besonders dem Sheffield Park Garden bei Uckfield/Ostsussex kann man Browns Fähigkeiten bewundern: wie er das Terrain zwar weitgehend verändert, ihm aber dennoch ein Aussehen zu geben vermag, als handle es sich um ein unberührtes Stück Natur. Auch Warwick Castle und die Kew Gardens sind Werke Capability Browns. Seiner Idee vom Paradies lag, typisch englisch, die Liebe zum Garten oder Park zugrunde.

Schon im frühen Mittelalter legten die englischen Mönche ihre klassischen, mandalaförmigen Kräutergärten am Kloster an und machten sich solchermaßen die Heilkräfte der einstigen wilden Natur zunutze. Seit dem 15. Jahrhundert wurde dann der Grundbesitz in der Umgebung der Landhäuser zu Obst- und Blumengärten umgestaltet – eine Entwicklung, die sich zur Zeit Heinrichs VIII. noch steigerte. In jedem größeren Garten durfte dabei der Aussichtspunkt, »mount« genannt, nicht fehlen (schön noch in Boscobel/ Shropshire und Littlecote/Wiltshire erhalten). Niemand fühlte sich in einem Garten behaglich, der nicht einen Punkt des Überblicks bot. Damals wie heute galt und gilt in England die weite Sicht als schön. Unter Elisabeth I. erlangte dann der sogenannte »knot garden« Beliebtheit: ein Areal voller verschlungener, an keltische Buchmalerei erinnernder Muster, die sich aus Beeten, Hecken und Wegen zusammensetzten. Ein schönes Beispiel dieses Gartentyps repräsentiert Hampton Court an der Themse bei London.

England – Land der Gärten

Aber all diese Eingriffe in die Natur waren nichts im Vergleich zum Werk Capability Browns. Das milde, feuchte Klima Englands bietet geradezu ideale Voraussetzungen, um offenen Landschaften mit einzelstehenden Bäumen ein markantes Aussehen zu verschaffen – was Brown sich im Rahmen seines Werks zunutze machte. Er schuf neben anderen die großen Parks der Landhäuser von Audley End/Essex, Blenheim/Oxfordshire, Castle Ashby/Northamptonshire, Harewood/Yorkshire, Longleat/Witshire , Luton Hoo/Bedfordshire und Weston/Staffordshire. Auch sein jüngerer Kollege Humphrey Repton (1752–1818) machte sich, von ähnlichen Stilvorstellungen geleitet, als vielseitiger Landschaftsgestalter einen Namen. Am besten gefallen meinem romantischen Geschmack jedoch die Werke des Malers und Architekten William Kent (1685–1748), der Gartentempel und romantische Außengebäude liebte – was man am besten noch in Stowe/Buckinghamshire bewundern kann.

Ich bin der Ansicht, daß Brown, Repton, Kent und deren Nachfolger wirklich kleine Paradiese geschaffen haben, deren Charakter förmlich zur Meditation auffordert. Sie hatten erkannt, daß dem Schönen auch Heilkräfte innewohnen. Dort, wo das Auge verweilen möchte, da ruht sich die Seele aus. Diese Parklandschaft kann im Idealfall zu einem Ort werden, dessen Schönheit eine innere **Schönheit, die** Betroffenheit hervorruft. Man hält plötzlich inne **betroffen macht** und wird weit angesichts der unvermittelten Erkenntnis, daß all das, was man hier wahrnimmt, tief im eigenen Innern widerhallt. Das Schöne, übersichtlich Geordnete und doch natürlich Wirkende läßt im Betrachter innere Harmonien anklingen, die seine Befindlichkeiten und Stimmungen positiv zu ändern vermögen.

Allerdings kann man Brown und seinen Kollegen auch vorwerfen, die Natur vergewaltigt zu haben, weil sie beispielsweise ausgewachsene Eichen auf Ochsenkarren zu den Häusern des Landadels transportieren ließen, um sie dort aus Gründen der Ästhetik wieder einzupflanzen. Man hatte schon keine Geduld mehr, die Bäume über viele Jahre wachsen zu sehen.

Zu Beginn der Neuzeit war es die Reformation, die die Muttergottheit (Maria) abschaffte und damit die letzten noch latent vorhandenen Reste naturverbundener Kulte in Europa ausrottete. In

England fiel man besonders unter dem Puritaner Oliver Cromwell (1599–1658) über alle auf Naturgottheiten und auf Magie hindeutenden heiligen Plätze her. Sir Francis Bacon (1561–1658) hatte zuvor die Natur als ein auszubeutendes Objekt definiert und somit die Rechtfertigung für die bis heute gängige Praxis, die Natur in »etwas Nützliches und Angenehmes« zu verwandeln, geliefert.

Dabei schreckte man vor künstlichen Bergen, dem Bau von märchenhaften neogotischen Ruinen, dem Verlegen ganzer Dörfer und der Anlage vieler kleiner Teiche nicht zurück. Mit Erdaushub, Abholzung, Sprengung und Durchstichen wurde der zeitgemäße Wunsch nach idealer Landschaft in die Tat umgesetzt. Das ist die ästhetische Variante der modernen Naturbeherrschung.

Ein Abbild des Paradieses

Die Anfangsbegeisterung des imperialen Zeitalters prägte auch die Einstellung zur ländlichen Umgebung. Zunächst machte man sich diese untertan, dann die Kolonien. Der Mensch spielte Gott und korrigierte die Landschaft gemäß dem romantisierenden Zeitgeschmack. Man folgte einem hehren Ideal: Keine wilde Natur wollte man – nein, England sollte zum Abbild des Paradieses werden! Das Ursprüngliche, Ungezähmte mußte der kultivierten Ästhetik weichen, und damit wurde sicherlich auch das Wilde aus den Herzen der Menschen verbannt.

Die englische Nationalparkpolitik hatte nach dem Zweiten Weltkrieg wieder die Idee der romantischen Landschaft aufgenommen. Beispielsweise sollten im Exmoor Forest von Somerset und im Bodmin Moor von Cornwall grasende Schafherden die Weite freien Moorlandes noch betonen.

Man schuf so ein für das englische Auge ästhetisch schönes Freilichtmuseum der Kulturlandschaft, ohne zu berücksichtigen, daß vor etwa dreitausend Jahren diese Hügel alle dicht bewaldet waren. Jetzt allmählich beginnt man umzudenken, läßt der Natur ihren Gang und gibt ihr die Möglichkeit, ihren Urzustand wiederzuerlangen. Dies widerspricht jedoch dem Ästhetikempfinden der meisten Engländer.

Überblick, Bewußtsein und Weite

Den Menschen der Insel gilt nämlich traditionell die offene Landschaft mit weiten Blicken und der einzelne Baum als schön. Der von den Deutschen so romantisch verklärte lichte Wald wirkt auf die Briten unübersichtlich und bedrängend.

Hier zeigt sich, daß wir im Außen suchen, was uns im Innern abhanden kam. Der dunkle Wald und das Gefühl, der Bereich des Unbewußten, der Ort des Schattens; die freie Landschaft dagegen verkörpert Überblick, Bewußtsein und Weite. Man kann den Gedanken weiterspinnen, daß zumindest heute bei den Deutschen alles derart organisiert ist, daß das Unbewußte zum Objekt der romantischen – psychologischen – Sehnsucht wurde. Bei den Engländern vermag sich zur Zeit eine rationale Organisation der Gesellschaft und Ökonomie nicht so recht einzustellen. Man bevorzugt das Überschaubare, das zeigt, wo es langgeht. An dieser Gesamtsicht, die immer auch ein Charakteristikum für Herrschaft ist, erinnern die alten Parks, die auch heute noch trotz chronischen Geldmangels der öffentlichen Hand in gutem Zustand sind.

Der magische Ort

Und da wir nun schon einmal bei den kulturellen Verschiedenheiten sind: Für den Engländer kann sehr wohl ein ganz anderer Ort magisch sein als für den Deutschen. Wobei der Unterschied schon beim Begriff »magisch« beginnt, dem in England im Grunde nur noch ironische Bedeutung beigemessen wird, da er von der Werbung vollständig vereinnahmt worden ist: Sie verkauft so vieles als magisch, daß das Wort inhaltslos wurde.

Ich bin der Ansicht, daß wir auf den magischen Ort unser Inneres projizieren, so daß er uns etwas begreiflich machen oder gar heilen kann. An solch einem Platz geschieht immer etwas mit uns, weil sich dort im Lauf der Zeit eine solche Atmosphäre verdichtet hat, die sich auf uns als Besucher einfach übertragen muß. Am meisten beeindruckt dabei, wenn wir hier oft das wiederfinden, was wir schon vor langer Zeit verlorengegangen glaubten – unser Innerstes. Deshalb sind die alten Orte als Fenster zur Vergangenheit meist von Magie umgeben.

Unser Innerstes wiederfinden

Die Ausstrahlung eines Ortes wird nach meinem Empfinden von drei wesentlichen Faktoren bestimmt.

Erstens: seine Lage in der Landschaft und letztendlich im Kosmos.

Wichtig für die Aura eines Platzes sind seine Ausrichtung zu den Kraftlinien und zu anderen Kraftorten, seine Einbettung in die Natur und seine topographische Lage (etwa auf einem Berg, an einem Fluß oder mitten in einer Stadt). Bei megalithischen Steinsetzungen spielt der Standort im Zusammenhang mit der Sonnenwende und der Tagundnachtgleiche eine wesentliche

Rolle, bei Kirchen sind es oft unterirdische Wasseradern, die ein besonderes Energiefeld hauptsächlich im Altarbereich verursachen.

Zweitens: der Zeitfaktor, das heißt, die Magie eines Ortes ändert sich mit dem Tagesablauf.

Dies hängt unter anderem mit den sich verändernden Lichtverhältnissen zusammen, wobei besonders Morgen- und Abenddämmerung hervorzuheben sind. Nur dann, sagt man in England, stehen die Tore zur Anderswelt offen. So entfalten beispielsweise die Steinkreise und Menhire ihre volle Energie bei untergehender Sonne, wenn die Schatten lang und länger werden, wohingegen die Wirkung bunter Glasfenster in Kirchen oftmals mittags beim Höchststand der Sonne zum Tragen kommt. Diese Stunden der Siesta gelten in den Ländern des Mittelmeerraums als Zeit der Unterwelt. In England dämonisiert man hingegen das diffuse Licht, das in seinem Extrem als Nebel mit dem klassischen englischen Krimi verbunden ist. Sir Arthur Conan Doyle (1859–1930), dessen Romanheld Sherlock Holmes weltbekannt wurde, wußte als Freimaurer um die Magie dieses Lichtes. In seinen Kriminalromanen ist es oft regnerisch und stürmisch oder nebelig, was andere englische Autoren dieses Genres übernahmen und auf diese Weise das in Deutschland so geläufige Bild der widrigen klimatischen Verhältnisse Englands prägten.

Einen anderen wichtigen Zeitfaktor machen die Mondphasen aus. Viele Orte wirken bei Voll- oder Neumond besonders magisch. Neben Mond- und Sonnenständen haben bestimmte Feste und Jahreszeiten ihren speziellen Charakter. Die Weihnachtsfeier der Kathedrale von Nor-

Die Magie des Lichts ...

wich/Norfolk mit Chören etwa, die überall im Kirchenschiff verteilt singen, wird wie ein Mysterienspiel in Szene gesetzt, wenn in dem abgedunkelten Raum ein weißgekleideter und ein Mönch in einer schwarzen Kutte die ersten Kerzen anzünden und am Schluß der Bischof eine goldene Scheibe hoch über seinen Kopf hält, von der ein heller Strahl in das lichtlose Innere des Gotteshauses reflektiert wird. Das ist die Wiedergeburt des Lichtes, mystisch in Szene gesetzt.

Auch im größeren Maßstab spielt der Zeitfaktor eine wesentliche Rolle. Stonehenge strahlte vor zwei- bis dreitausend Jahren, der vermutlichen Ankunft der ersten Druiden, sicherlich eine völlig andersartige Atmosphäre aus als im Mittelalter und heute mit seiner Umzäunung. Das gleiche können wir an den Großfiguren in Wiltshire (Westbury white horse), Cambridgeshire (Gogmagog giant), Sussex (The Long Man of Wilmington), Berkshire (Uffington white horse) und Dorset (Cerne Abbas Giant/Giant Hill) nachvollziehen, wo beispielsweise zur Zeit der Königin Viktoria der große erigierte Phallus des Riesen von Cerne Abbas solch einen Anstoß erregte, daß man ihn zu entfernen versuchte.

... im Wandel der Zeit

Die Bilder, die sich die heutige Zeit von einem magischen oder Kraftort macht, unterscheiden sich wesentlich von jenen, die noch vor zehn bis fünfzehn Jahren vorherrschten: Früher fuhr man nach Saint-Tropez und Ibiza (die in den zwanziger Jahren noch als sehr kraftvolle naturmagische Plätze galten). Später übte hier der Luxus seine unwiderstehliche Anziehungskraft aus. Luxus war eine Seltenheit, heute hat man von ihm genug, und die Natur ist rar geworden. So bastelt man kollektiv an der Illusion vom unberührten Ort, den es wahrscheinlich auf der ganzen Welt nicht mehr gibt. Unsere Zeit ist vom Rückgang der Kraftplätze geprägt, so wie Märchenland in der »Unendlichen Geschichte« zu verschwinden drohte.

Wir, die wir den Orten über Jahrhunderte ihre Kraft genommen haben, müssen ihnen jetzt mit unserer Energie zu neuem Leben verhelfen. Wir sollten uns ihnen intensiv widmen, denn ist der letzte von ihnen für immer verstummt, dann ist auch die magische Saite im Menschen verklungen.

Drittens: der Gebrauch oder Zweck des Ortes.

Kultplatz oder Museumslandschaft?

Es ist sicherlich jedem sofort verständlich, daß es die Magie eines Ortes enorm beeinflußt, ob er als Kultplatz gepflegt oder als Touristenattraktion angesehen und vermarktet wird. Von seiner Benutzung hängt weitgehend die Haltung seiner Besucher ab. Welcher magische Ort kann es verkraften, wenn dort Cola-Dosen, Zigarettenkippen und anderer Kulturmüll herumliegen? Die Atmosphäre eines Kraftplatzes ist nicht zuletzt eine Frage seiner Ästhetik. Diese heilt, und zwar dann besonders wirkungsvoll, wenn das Naturschöne und das Kulturschöne sich vereinigen. Nur leider ist unsere Kultur heute eher zweckgerichtet als schön.

Jede Stätte der Kraft wird durch ihre Lokalgeister geprägt, die man in England als »Hyter Spirits« (»wohlwollende Feen«) oder »Yarthlings« (Fruchtbarkeitsgeister) bezeichnet. Diesen »Genius loci« verkörperte im klassischen Altertum die mit der Schlange symbolisierte Fruchtbarkeit. Heute spricht man von der Atmosphäre eines

Ortes, und diese kann sich natürlich ändern. Drastisches Beispiel hierfür ist Stonehenge: Vor der Umzäunung des Steinkreises sorgten die Lokalgeister für eine solch eigenartige Atmosphäre, daß sich der Besucher auf sein Inneres besann und sich bei ihm Ergriffenheit einstellte. Nach der Errichtung des Zaunes zogen sich die Wesen zurück – vielleicht zum nahe gelegenen Avebury oder wahrscheinlich zum fernen Rollright Ring in Oxfordshire, wo 1991 Shakespeares »Der Sturm« bei jedem Wetter aufgeführt wurde. Stonehenge wandelte sich mehr und mehr zu einer sterilen Museumslandschaft. Obwohl bereits vor Tausenden von Jahren fertiggestellt, macht es heute den Eindruck einer Baustelle: Die Einfriedung wirkt als Schranke, die eine unmittelbare Erfahrung des Ortes verhindert. Mich erinnert das immer an das Wort des Homunculus im »Faust«:

»Das ist die Eigenschaft der Dinge:
Natürlichem genügt das Weltall kaum,
Was künstlich ist, verlangt geschloßnen Raum.«

Eine kleine persönliche Anmerkung zum Schluß: Nach langen Überlegungen bin ich zu dem Entschluß gelangt, in diesem Führer auch viele relativ unbekannte magische Plätze zu erwähnen, die mich bewegt haben. Es wäre wünschenswert, wenn diese Plätze als heilsame Inseln in einer leider vielfach zerstörten Welt erhalten blieben. Um die meist in sehr schöner natürlicher Umgebung eingebetteten Orte gebührend zu würdigen, möchte ich Sie bitten, vor deren Betreten einen Moment meditativ innezuhalten und sich ihnen dann langsam zu nähern. Nehmen Sie sich Zeit,

Heilsame Inseln

ihre Schönheiten und Besonderheiten mit all Ihren Sinnen zu erfassen. Seien Sie sich dort Ihrer Empfindungen bewußt. Können Sie, zu welchem Ort auch immer, keine gefühlsmäßige Beziehung aufbauen, so sollten Sie diesen lieber verlassen. Er ist dann für Sie nicht geeignet.

Es wäre schön, wenn Sie sich die Mühe machten, jeder von Ihnen aufgesuchten Stätte Heilenergien zu übermitteln, indem Sie zum Abschluß Ihres Aufenthaltes sich dort »Ihre Stelle« wählen, an der Sie auf Ihre ganz persönliche Weise dem Ort für das danken, was er Ihnen gezeigt hat. Damit tragen Sie zur notwendigen Heilung der Erde bei.

Vom bronzezeitlichen Lager bis zum Kreisverkehr – Das Kreissymbol
Der typische magische Ort ist der Kreis: In ihm schützt sich der Zauberer vor den Geistern, die er ruft; und auch in Hexenritualen spielt der Schutzkreis eine wesentliche Rolle.

In England begegnen Sie den Kreisen allerorten. Schon im Straßenverkehr fängt es an, wenn Sie in den für britische Verhältnisse charakteristischen »roundabout« (Kreisverkehr, wörtlich: »rundherum«) geraten, der dem Ortsunkundigen die Chance bietet, bis zur Klärung der Fahrtrichtung oder des Entstehens eines Schwindelgefühls im Kreis herumzukurbeln. Charakteristikum der Sommerszeit sind dann die – gefälschten und echten – Kornkreise in Südengland. Gleich ihnen ziehen schließlich die megalithischen Kreisstrukturen Tausende von Touristen an.

Der große Zen-Meister Sesshu konnte mit einem einzigen Pinselstrich einen perfekten Kreis ziehen, dessen Linie gleichbleibend breit und gleichmäßig schwarz ist. Diese meditative Leistung gelang nach ihm nur noch dem florentinischen Maler Giotto (1266–1337). Es zentriert jedoch nicht nur, selbst einen Kreis zu ziehen, sondern auch, wenn man ein perfektes Exemplar betrachtet oder sich gar in einem solchen aufhält. Dem Kreis haftet deswegen Zauberkraft an, weil er den Menschen völlig umgibt und ihn so vor den Dämonen der Außenwelt, jenen unberechenbaren Launen, schützt.

Der Kreis ist sicherlich das am längsten der Menschheit bekannte Symbol. Er kommt häufig in der Natur vor und kann relativ leicht gezogen werden; so verwundert es nicht, daß die ältesten Gebäude der Menschen wie Woodhenge und das Overtone Hill Sanctuary immer kreisrund waren. Der Kreis reflektiert das Vollkommene und ist infolgedessen die prädestinierte Wohnstätte der Götter. Der Vorteil solcher kreisrunder Baustrukturen beruht in ihrer Ausrichtung auf eine deutliche Mitte.

Uraltes Symbol

So liegt Julius Schwabe zufolge dem antiken griechischen Theater der Steinkreis zugrunde, der letztendlich die erstarrte Form des Rund- und Reigentanzes darstellt. Dieser wiederum soll den Gang des Kosmos symbolhaft ausdrücken. Davon zeugen noch heute der Tanz um den Maibaum, besonders in Südengland, und die beliebten Scheunentänze (barn-dances), die unter lebhafter Beteiligung von Jung und Alt in großen Schuppen veranstaltet werden. Nicht nur Sonne und Mond bewegen sich wie die Tänzer im Kreis, auch der Mensch tut es natürlich aufgrund der Asymmetrie seines Körpers, wenn der Gesichtssinn ausgeschaltet ist.

Der Baum, der nicht stirbt

In der Natur bilden Eiben deutlich erkennbare Kreise, da ihre dichten Zweige den Boden unter ihnen kreisrund beschatten. In England gibt es uralte Eiben, die um die zweitausend Jahre alt sind und immer einen ehemaligen keltischen Versammlungsplatz anzeigen. Besonders beeindruckende alte Eiben können Sie auf dem Friedhof von Holme/Devon, in Stoke Saint Mary/Somerset und auf dem Friedhof von Totteridge im Norden Londons bewundern. Dem englischen Experten Allen Meredith zufolge sind die Eiben nahezu unsterbliche Lebewesen und das Heiligste, das sein Land vorweisen kann. Es gibt noch etwa vierhundertfünfzig alte Eiben in ganz England, die alle eisenzeitliche Versammlungsplätze markieren.

Nicht nur die alten Völker, sondern auch die Christen fühlten sich in England dem Kreis verbunden. Die Ritter des Templerordens etwa errichteten kreisrunde Kirchen, die den Erdenkreis symbolisierten. Ihrem Vorbild folgten zahlreiche weitere Kirchenbauten, von denen heute noch fünf besichtigt werden können: Saint Paul's Cathedral in London, Heiliges Grab in Cambridge, Little Maplestead, Northampton, und Ludrow Castle. Nach der Auflösung des Ordens der Tempelritter 1314 erlosch der Brauch, runde Kirchen zu errichten; erst die Renaissance fand wieder Gefallen an diesem Sakralbautyp.

Die Christen Englands standen überwiegend dem Kreisrunden höchst skeptisch bis feindlich gegenüber. Es erinnerte sie zu sehr an die heidnischen Naturreligionen und eine erdverbundene Magie, mit der sie nichts zu tun haben wollten. Auf dem Höhepunkt der Hexenhysterie im

14. Jahrhundert – also viel früher als auf dem Kontinent – brachte man hauptsächlich die Blöcke der Steinkreise zu Fall, um den Sieg des Christentums über die alten Religionen zu demonstrieren. Jedoch hat am Ende der magische Steinkreis gesiegt: Stonehenge und auch Avebury verzeichnen mehr Besucher als jede englische Kirche.

England ist ein Land der Mütter und der Kreis der grundlegende weibliche Archetyp, das Zeichen der Mütter. Astrologisch wird England meist dem Krebs zugeordnet. Der weibliche Kreis der Krebsqualität ist das Chaos, aus dem alles wie aus der Gebärmutter entsteht. Er hängt mit der Fruchtbarkeit zusammen, und es ist nicht unwahrscheinlich, daß die Steinkreise wie auch die runden Lochsteine (Men-an-Tol) mit Fruchtbarkeitsriten verbunden waren.

Das Land der Mütter

Im Kreis stehen sich Gebärmutter und Hexenkessel, Aufbau und Zerstörung, die fruchtbare und die furchtbare Mutter gegenüber. Wie beim Yin-Yang-Symbol treffen wir hier auf das Bild der Verbindung der Gegensätze in der menschlichen Psyche, wie es der Oroboros symbolisiert – jene Schlange, die sich in den Schwanz beißt.

Ein solch mächtiges Symbol wirkt nach bis heute, und so hat noch zu Beginn dieses Jahrhunderts der »Orden der goldenen Morgenröte« den magischen Kreis auf den Boden seines Londoner Tempels gezogen, um die unermeßliche Göttlichkeit darzustellen, die die Magie erstrebt.

Der Kreis ist das »beating about the bush« (wie die Katze um den heißen Brei herumschleichen, wörtlich: auf den Busch schlagen), die Circambulation, mit der man sich einem heiligen Zentrum nähert. So wie die Buddhisten die Stupa und den

Leuchtturm bei Sutton Bridge – hier wohnte Peter Scott, der Sohn des berühmten Polarforschers Robert Falcon Scott

Berg Kailash umwandern, so nähert man sich laut Jung einem psychischen Problem. Kreis und Spirale entsprechen dem vorsichtigen Tasten, sie bilden die Geste der langsamen Selbsterkenntnis ab.

Am magischen Ort in seiner Funktion als psychischer Ort beginnt man seine psychischen Probleme zu verstehen. Sowohl im Steinkreis als auch in jedem Turmzimmer fühlt man sich anders als im rechteckigen Raum – weil im runden Zimmer der Teufel keine Ecke zum Verstecken findet, wie ein englisches Sprichwort sagt.

England ist ein Land der Leuchttürme und Windmühlen, die heute als Wohnsitze begehrt sind und in denen oft Zimmer vermietet werden. Sie sollten es sich nicht entgehen lassen, zumindest einmal während Ihrer Reise in einem Leucht- oder Mühlenturm-Zimmer zu übernachten, das nach Möglichkeit Fenster in alle vier Himmelsrichtungen aufweist. So kann der Kreis zu einer echten sinnlichen Erfahrung werden.

Das Labyrinth

Dem Kreis eng verwandt ist das Labyrinth, das in England entweder »maze« oder viel häufiger noch »Julian's Bower« genannt wird. Der Name »Julian« bezieht sich auf Julius, den Sohn von Äneas, dem sagenhaften Gründer Roms. Dieser Julius soll nach dem Fall von Troja das Labyrinth nach Italien gebracht haben. Und wie so häufig streiten sich die Gelehrten darüber, ob das Labyrinth die Form der Mauern von Troja wiedergibt (es wird in England auch als »Mauer von Troja« bezeichnet), oder ob in dem Reich an der kleinasiatischen Küste ein Labyrinthspiel beliebt war, das die Griechen und später die Römer übernahmen.

Für die Alten war das Labyrinth untrennbar mit der Stadtgründung verbunden: Ein Raumabschnitt wurde vom Chaos in das Abbild des Kosmischen umgewandelt. Das Labyrinth erschafft und schützt das Zentrum und gewährt einzig jenem Einlaß, der weiß, wie man in sein Innerstes gelangen kann. Der Mittelpunkt des Labyrinths beziehungsweise der Stadt entspricht dem Mutterschoß, in den der Mensch zurückkehren muß, um wieder neu geboren zu werden.

Vom Chaos zum Abbild des Kosmos

Das Symbol des Labyrinths wurde sogleich von der noch jungen römischen Kirche aufgegriffen, um den christlichen Weg zur Erleuchtung darzustellen. Demzufolge wohnte im Zentrum des Labyrinths statt des Minotauros der Teufel, während Theseus zu Christus wurde, der den rechten Weg weiß, den Satan zu überwinden: So wird in San Michele Maggiore, einer Kirche in Pavia, Theseus als Christus dargestellt, wie er das schreckliche Ungeheuer tötet. Später weisen die mittelalterlichen Kirchen wie in Chartres Labyrinthdarstellungen auf, die als Symbol der Pilgerfahrt des Sünders gedeutet werden.

Zeitloses Spiel Die Römer und nach ihnen die frühen Christen brachten das Labyrinth nach England. Hier waren es wahrscheinlich die Mönche des Klosters Walcot, die als erste ein Labyrinth in den Rasen ihres Klosters schnitten. Danach wurde es jedoch derart beliebt, daß fast jede Dorfwiese mit ihm verziert wurde, wo es oft als Spielfläche für die Jugendlichen diente. Diese spezifische Labyrinthstruktur lebt noch heute in einigen Brettspielen, besonders aber in den Abenteuerspielen am Computer, fort. War das Labyrinth ursprünglich der Initiation in die Vorstellung von Tod und Wiedergeburt verbunden, so spielt man heute die Reise zum Mittelpunkt, das Sterben und das Wiedergeborensein aus der Mitte zum Zeitvertreib. Der pulsierende Weg hin zum Innersten, der eine gewisse erotische Komponente nicht ausschloß, bildete die Grundlage für beliebte Spiele.

Im 17. Jahrhundert übernahm die englische Gartenarchitektur das Labyrinth: So wurde es zum beliebten Heckenlabyrinth, das an jenes von Kreta erinnern sollte, in dem sich der Minotauros verborgen hielt, bis ihn der jugendliche Held Theseus erschlug und anschließend mit Hilfe von Ariadnes Faden aus dem tödlichen Irrgang herausfand. Das berühmteste dieser vergleichbar jungen Heckenlabyrinthe findet man im Garten von Hampton Court.

Ob nun in England solche Labyrinthe der Initiation dienten, bleibt im dunkeln. Immerhin läßt sich in der Schrittfolge des traditionellen Morris-Tanzes eine labyrinthartige Struktur ablesen. Die

Vermutung ist nicht ganz von der Hand zu weisen, ob nicht sogar dieses archetypische Symbol unabhängig von Troja und Kreta in England entstand: Denn ein gut erhaltenes Rasenlabyrinth liegt in Wing, einem Dorf in der Nähe von Luton, unmittelbar an einem prähistorischen Hügel, was auf einen dementsprechenden Ursprung englischer Labyrinthe schließen lassen könnte. Auch das eisenzeitliche Maiden Castle in Dorset weist labyrinthartige Außenwälle auf.

Nördlich von Scunthorpe, ganz in der Nähe der schnurgeraden Ermine Street, findet man bei Alkborough/Lincolnshire eines der letzten englischen Rasenlabyrinthe: ausgesprochen reizvoll gelegen in einer leichten Vertiefung auf einem Hügel, der die Mündung des Trent in den Humber überschaut. Trotz guter Ausschilderung ist dieser frei zugängliche Ort von Besuchern weitgehend verschont geblieben.

Wegen seiner Ausrichtung auf die Vereinigung

Das Labyrinth von Alkborough in Lincolnshire – eines der wenigen erhaltenen Rasenlabyrinthe

der beiden großen englischen Flüsse wird der weibliche Aspekt des Labyrinths betont. Es ist der Schoß der Erdmutter, und so wurde es auch bei den Labyrinthspielen immer von einem Mädchen bewacht und von einem Jungen durchlaufen. Oft feuchtete man den schmalen Rasenweg an, so daß man sich auf seine Schritte konzentrieren mußte – aber auch, um die weibliche Feuchtigkeit zu symbolisieren. Die Reise zum Mittelpunkt des Labyrinths hängt immer mit der Spannung von Geburt und Tod zusammen: Der Held ist derjenige, der den Tod im Zentrum überwindet, um wiedergeboren zu werden.

Mühsamer Weg zur Mitte

Um dieses kreisrunde Labyrinth von Alkborough zu erleben, sollten Sie es abschreiten und dabei genau auf Ihre Empfindungen achten. Wie man von innen nach außen, von rechts nach links überwechselt und plötzlich in der Mitte steht und dann systematisch und doch verwirrend wieder herausgeführt wird, das verfehlt seine Wirkung nicht. Man begreift, daß ein Erreichen des Ziels auf geradem Weg nicht möglich ist. Die Mitte liegt immer zum Greifen nahe, aber man wird dennoch erst wieder von ihr weggeleitet. Das ist es, was Carl Gustav Jung die »Circambulation« nannte: jenes Umkreisen einer inneren Wahrheit, die man auf dem direkten Weg nie erreicht. Man hat das tiefe Gefühl, daß in dieser Bewegung die ganze Wahrheit seines Lebensweges abgebildet ist. Hier bietet sich als Kontemplation die Frage an: »Wo werde ich hingeführt?« In der Mitte des Labyrinths ist eine Kehrtwendung von hundertachtzig Grad erforderlich, die der Auferstehungserfahrung entspricht.

Der magische Ort als Fenster in graue Vorzeit

Steine, Gräber, Fruchtbarkeitssymbole

Alte Steine spielten in England schon immer eine wichtige Rolle. Bestes Beispiel hierfür ist jener, der aus Irland stammt und unter dem Krönungsstuhl in Westminster Abbey liegt. Hier wird auch heute noch jeder englische Herrscher gekrönt. Mehr noch als dieser »Rohling« lassen allerdings die bearbeiteten einzeln stehenden Steine und Steinkreise romantischen Phantasien freien Lauf.

Diese Relikte der Megalithkultur geben der Wissenschaft immer noch Rätsel auf. Man vermutet, daß sie zu rituellen Zwecken benutzt wurden, den Kult selbst jedoch weiß keiner näher zu beschreiben. Das einzig gesicherte Faktum ist, daß sie der Zeitmessung dienten. Jeder Steinkreis war vermutlich mit einem Peilstein ausgestattet, mit dessen Hilfe man die Sonnenwenden, die Tag- undnachtgleiche und wahrscheinlich auch Sonnen- und Mondfinsternis bestimmen konnte. Stonehenge beispielsweise ist auf den Mittsommer-Sonnenaufgang ausgerichtet, und noch im späten Mittelalter war es ein Brauch, daß sich hier Menschen der Umgebung versammelten, um das Erscheinen unseres Zentralgestirns am Mittsommermorgen zu erleben.

Rätsel für die Wissenschaft

Magisch Reisen: England

Der heutige technische Forschergeist entdeckte Ende der achtziger Jahre ein mysteriöses Energiephänomen, als man daranging, die Steine mit Ultraschallgeräten zu untersuchen. Da sandte zum Beispiel der Stein des Rollright-Steinkreises, der auf einem Bergrücken etwa sechs Kilometer nördlich von Chipping Norton in Oxfordshire liegt, eine Frequenz aus, die einer kreisförmigen Ausstrahlung mit sieben Ringen glich. Die Forscher sind sich immer noch darüber im unklaren, ob es sich hierbei um Ultraschallwellen handelt oder um eine bisher unbekannte Art von Energie.

Ferner fand man bei der Auswertung der Statistiken über radioaktive Strahlung heraus, daß regelmäßig unterschiedlich hohe Strahlungsintensitäten in Steinkreisen auftraten. Deren Erbauer schienen Stellen mit hoher natürlicher Radioaktivität zu bevorzugen, da die meisten Steinkreise in Gebieten mit beträchtlicher Radonausstrahlung (etwa an Erdspalten in Cornwall) gelegen sind. Hinzu kommt, daß diese Megalithmonumente oft magnetische Unregelmäßigkeiten aufweisen. Die Vermutungen der Forscher gehen bis hin zu der Annahme, daß die durch das Radongas bewirkte radioaktive Ausstrahlung in Verbindung mit den magnetischen Anomalien visionsartige Zustände von einer bis zwei Sekunden Dauer hervorruft, die Bestandteile des Kultes gewesen sein könnten.

Radioaktivität und Magnetismus

Wie dem auch sei, die Steine und Steinkreise stellen Fenster in eine ferne Vergangenheit dar, die wir nicht mehr erfassen können. Also entwickeln wir für diese unbekannte graue Vorzeit Konzepte, die durch die Medien verbreitet werden und uns mit Bildern versorgen, unter deren Ein-

Links:
Einer der Monolithen von Devil's Arrow (Teufelspfeil) bei Boroughbridge. Der größte Stein ist etwa sieben Meter hoch

fluß wir die megalithischen Bauwerke betrachten. Dabei wird die Version, die Steinkreise seien von den Druiden errichtet worden, eindeutig bevorzugt. Sie zählt zu den Lieblingsargumenten der romantischen Stonehenge-Bewegung, die auf John Aubreys einflußreiches Buch zurückgeht (siehe Literaturverzeichnis). Heute finden wir diese Idee im Asterix-Comic wieder, das uns den Kelten Obelix als eine Art »Hinkelstein-(Menhir-)Fabrikant« präsentiert.

Wirkungsstätte von Geistern und Göttern

Den Engländern galten und gelten Stonehenge und die anderen Steinkreise als Wirkungsstätten von Erdgeistern und Schlangengöttinnen des gehörnten Gottes. Sie sahen in ihnen auch Ufos, Plätze für Phalluskulte und Wohnstätten. In Cornwall hält man die Steine für die Geister der Riesen, die dort festgebannt sind. Andernorts erzählt man sich, sie seien von – »spriggans« genannten – Feen verzauberte Wesen.

Die christliche Kirche nahm sich nur zu gern der alten Überlieferung an und ließ die Steine zu den Geistern derjenigen werden, die den Sonntag entweihten. Dies waren entweder Männer, die zur Zeit der Sonntagsmesse verbotene Spiele bevorzugten – so sagt man es von den Steinen »The Hurlers« bei Minions/Cornwall –, oder Mädchen, die sonntags tanzten, statt den Gottesdienst zu besuchen, wie im Fall der beiden cornischen Steinkreise »Merry maidens« und »Nine maidens«. Andererseits brachte man zur Zeit der Hexenverfolgung in Avebury und anderswo viele der Steine der Steinkreise zu Fall, da sie als Hexenversammlungsplätze galten. 1724 war nur noch wenig von der Magie der Steine zu spüren, als die ortsansässigen Bauern die Steinkreise in

Avebury in mühevoller Arbeit abbauten, um bequemer pflügen zu können. Aber das unterscheidet sich im Grunde genommen gar nicht so wesentlich vom Trend unserer Zeit, der genau zwischen nördlichem und südlichem Steinkreis sich zwei Straßen kreuzen läßt.

Die Steinkreise haben die Phantasie der Engländer ebensosehr bewegt wie die Artus-Sage. Gelehrte Bücher über die megalithischen Steine wurden außer von dem bereits erwähnten Aubrey auch von dem berühmten zeitgenössischen englischen Romancier John Fowles geschrieben. Der englische Architekt Inigo Jones (1573–1652) richtete seine klassischen Entwürfe an die Geometrie von Steinkreisen aus: Beste Beispiele hierfür sind die Königliche Kapelle von Whitehall und das Krankenhaus in Greenwich. Auch Maler wie der hochinspirierte William Blake (1757–1827) und der von Goethes Farbenlehre beeinflußte Landschaftsspezialist Joseph Mallord William Turner (1715–1851) nahmen sich des Themas an. Und selbst Bono, der Sänger der irischen Band »U2«, sagt von sich, daß seine Musik teilweise durch die Beschäftigung mit Stonehenge inspiriert worden sei.

Inspiration durch die Steinkreise

Der englische Zeitgeist sieht in den Steinkreisen so Unterschiedliches wie Bauten von Außerirdischen, Atlantern oder Druiden – oder auch nur die einengenden Zäune. Schlechtestenfalls muß Avebury oder Stonehenge als Bildungsausflugsziel für frustrierte Schüler herhalten, die zuvor schon einen oder zwei Steinkreise besichtigt hatten.

Die Steinkreise regen den Geist auch dadurch an, daß man in ihnen oft zu ungewöhnlicher

Kommunikation herausgefordert wird. Man ist dort nämlich nur selten allein; fast immer wird man von anderen Besuchern angesprochen. Diese alten Steine sind über die Jahrhunderte zu einem **Natürliche** natürlichen Treffpunkt geworden, an dem man **Treffpunkte** sich leicht mitteilt. Selbst an solch einsamen Stellen wie jener Heidelandschaft, in der Men-an-Tol liegt, begegnete ich an einem regnerisch-stürmischen Winterabend noch anderen Interessierten, mit denen ich eine angeregte Unterhaltung begann, die schließlich die Zeit verstreichen ließ. Das Thema waren natürlich die alten Steine hier, deren Anwesenheit man deutlich spüren konnte.

Stonehenge

Ein englischer Forscher des 17. Jahrhunderts hatte – wie damals üblich – seinen Namen exakt in einen der Steine von Stonehenge geschnitten. Als der Cardiffer Universitätsprofessor R. J. C. Atkinson vor über dreißig Jahren dieses Signet genauer betrachtete, bemerkte er unmittelbar darunter ein in den Stein gemeißeltes (Kurz-)Schwert – was den Gedanken an die Artus-Sage nahelegt: In dieser ist der junge Artus als einziger fähig, das Schwert Excalibur aus einem Stein zu ziehen, wodurch er zum König Britanniens wird.

Könnte es sich bei diesem Schwert um ein neolithisches Steinbild handeln? Was hat es mit dessen Symbolik auf sich?

Wo auch immer man in Stonehenge mit seinen Überlegungen anfängt, man endet in Fragen. Das macht sicherlich – auch heute noch – einen Großteil seiner Magie aus.

In den siebziger Jahren fand hier das größte Musikfestival Europas statt. Der Steinkreis bildete damals die Mitte des Camps. Als idealen Treffpunkt, von weitem her sichtbar, kann man ihn nicht verfehlen. Hier führt die verkehrsreiche Straße A-303 vorbei, und nicht der Gesang der Vögel erfüllt die Landschaft, sondern beständiges Motorengedröhn. Aber das dürfte sich wohl an Plätzen, wo Menschen heutzutage zusammenkommen, nicht mehr vermeiden lassen. Hier erlebte Britannien natürlich auch eine seiner historischen Schattenseiten. Vielleicht erinnert sich der literaturkundige Engländer daran, daß Geoffrey von Monmouth in seiner populären mittelalterlichen Geschichte Englands von 1139 Stonehenge als den Ort erwähnt, wo die Briten hinterhältig von den Sachsen getötet worden sind. Das Unglück geschah sicherlich nur deswegen, weil Merlin die Steine den Riesen in Irland geraubt hatte. Der Touristenindustrie allerdings bringen die Megalithmonumente Erfolg: Über eine halbe Million Menschen besuchen sie alljährlich, das sind immerhin fast anderthalbtausend pro Tag. Vor diesem Ansturm allerdings mußte Stonehenge mit einem Zaun geschützt werden, und außer den staatlich anerkannten Druiden darf niemand mehr in die Mitte der Anlage. Wäre die Einfriedung nicht so häßlich, könnte man sagen, daß dem inneren Steinkreis immer noch etwas Mystisches anhaftet. Es gibt seit neustem einen Plan, die Durchgangsstraßen bei Stonehenge zu verlegen und den Zaun wieder zu entfernen, allerdings bedauert man staatlicherseits, hierfür kein Geld zu haben.

Die Einzäunung von Stonehenge – über die sich übrigens alle mir bekannten Engländer aufregten – stört die Offenheit der mächtigen Anlage,

Massenansturm auf die Steine

die zwischen Himmel und Erde in diese damals grasbewachsene freie Ebene gebaut wurde. Stonehenge gehört dem Volk und wird jetzt vor diesem geschützt...

Dank der Großzügigkeit eines englischen Gentleman wurde Stonehenge dem englischen Volk zugänglich. Bis 1915 gehörte es nämlich zum Privatbesitz eines reichen Engländers, der es drei Jahre zuvor für 6600 Pfund Sterling ersteigert hatte, weil – wie er sagte – seine Frau einmal beim Frühstück erwähnte, wie schön es wäre, Stonehenge zu kaufen. Schließlich machte es der Käufer der Öffentlichkeit zum Geschenk.

Die Umgebung von Stonehenge hat sich in all den Jahren danach nicht zum Besseren gewandelt: Massenparkplatz, Tunnel, Zäune – alles so entworfen, daß es in auffälliger Weise nicht auffallen soll. Die Reaktion des Engländers, der Stonehenge zum erstenmal besucht, äußert sich normalerweise in einer gewaltigen Enttäuschung. In Geschichtsbüchern und Fotobänden ist es meist ohne die häßliche Einfriedung abgebildet. John Fowles beschrieb die Atmosphäre im Kreis, wo die Besucher immer das Umzäunende vor Augen haben, als die eines Arbeitslagers. Die Frau des Schriftstellers, die jahrelang nicht mehr hier war, wollte auf dem Parkplatz gar nicht erst das Auto verlassen.

Das Paradoxe ist jedoch, daß Stonehenge trotz all dieser Negativaspekte nichts von seiner Anziehungskraft verloren hat. Daran vermögen auch Parkplätze, moderne Landschaftsarchitektur und Zaun nichts zu ändern. Fast jeder Bewohner der Insel hat die Anlage zumindest einmal in seinem Leben pflichtbewußt bewundert.

Stonehenge empfängt so viele Gedanken und Gefühle der Einheimischen, daß man auf keinen Fall an ihm vorbeifahren sollte. Man wird besonders als Ausländer geradezu schief angeguckt, wenn man im Süden Englands war und Stonehenge nicht besucht hat – das ist so ähnlich wie bei einem Aufenthalt in Köln den Dom nicht betreten zu haben. Stonehenge ist für die Engländer – gefolgt von Glastonbury – ein Ort, an dem man gewesen sein muß.

Stonehenge – ein Muß

Stonehenge repräsentiert für die meisten Engländer etwas Gutes. Was das Gute war, änderte sich in der Geschichte – heute mag man es Bewußtseinsänderung nennen. Im 19. Jahrhundert war man materialistisch eingestellt und nahm Steinmehl von echten Stonehenge-Steinen drei- bis viermal täglich gegen jedes körperliche Unwohlsein ein. Mit einem im Dorf ausgeliehenen Hammer bröckelte man von den Megalithen für den Hausgebrauch etwas Stein ab, der daheim im Mörser fein zerstampft wurde. Steinmehl von Stonehenge genoß den gleichen Stellenwert wie das Wasser aus heiligen Quellen. In unserer Zeit möchte man zumindest diese Steine berühren, um etwas von ihrer Energie mit nach Hause zu nehmen – ohne allerdings zu wissen, welche Kräfte man da auf sich überträgt.

Avebury

Einige Engländer behaupten, daß die Kraft von Stonehenge nach Avebury ausgewandert sei – das allerdings von einer Straßenkreuzung durchschnitten wird, die nicht gerade zur magischen Atmosphäre dieses Platzes beiträgt. Obwohl Avebury, an der Hauptstraße nach Swindon gelegen, kein ruhiger Ort ist, lädt es dennoch zum Verweilen ein. Die riesigen, zwanzig bis dreißig Millionen Jahre alten Sandsteinblöcke möchte man sich in der Hoffnung, etwas über ihre uralte Geschichte zu erfahren, genauer betrachten. In der esoterischen Literatur über Steinkreise wird häufig erwähnt, daß Avebury Evas Grabstätte sein soll. Wie allerdings Eva den Weg nach der Verdammung aus dem Paradies hierher fand, weiß keiner zu erklären.

Die Anlage von Avebury ist erheblich größer als die von Stonehenge – allerdings stehen von ursprünglich sechshundert Steinen nur noch sechsundzwanzig – und älter, so alt, daß uns diesbezüglich jedes Vorstellungsvermögen fehlt.

In unmittelbarer Nachbarschaft von Avebury präsentiert sich als einprägsame Landmarke der Silbury Hill den Blicken. Diese künstliche pyramidenförmige Erhebung ist das größte von Menschenhand geschaffene Objekt in Europa. Anhand von Ausgrabungen Ende der sechziger Jahre (1968–1970) weiß man, daß der Silbury Hill aus der Zeit von 2800 bis 2600 v. Chr. stammt. Die Annahme, sein Inneres enthalte eine sechsstufige Steinpyramide, konnte bestätigt werden. Mag es nur ein Zufall der Geschichte sein, daß der zur gleichen Zeit lebende Pharao Djoser in Sakkara ein ganz ähnliches Bauwerk errichten ließ?

Es fällt auf, daß in der Nähe von Silbury Hill heutzutage häufig Getreidekreise gesehen werden. Außerdem stellten Wünschelrutengänger an der künstlichen Aufschüttung die gleiche Energie wie in Stein- und Getreidekreisen fest. Zieht hier Gleiches Gleiches an?

Am Kreis von Avebury gefällt mir seine Offenheit. Die steinernen Giganten stehen ungerührt von allem Treiben wie in einem Park. Im Frühjahr grasen hier die Schafe, wobei der in der Vergangenheit weidende Mensch und das Schaf mit kleinen grünen Holztoren von dem Verkehr geschützt werden.

In Avebury darf man noch ungehindert herumlaufen, die Steine berühren und sogar an ihnen Picknick machen, wenn man seinen Abfall wieder mit nach Hause nimmt. Und bei solch einer typisch englischen Outdoor-Beschäftigung fragt man sich, wer wohl diese bis zu vierzig Tonnen schweren Riesen hierhergebracht und in Position gerückt hat. Man wundert sich gemeinsam mit der englischen Geschichtsforschung darüber, wie es in jenen archaischen Zeiten gelang, so viele Menschen für den Bau einer Anlage dieses Ausmaßes zu organisieren.

Wie kamen die Giganten hierher?

Der heutige Besucher kommt nach Avebury mit seiner vorgeblich eigenen, privaten Meinung, die ihn unter Umständen einige seltsame Kräfte bemerken läßt, die eine umweltbewußte Generation nur zu gerne wahrnehmen möchte: Die Erde spricht ...

Der hervorragende romantische Altertumsforscher John Aubrey (1626–1697, nach ihm sind die Löcher in Stonehenge benannt worden) hat Avebury seinen Landsleuten bekanntgemacht. Er besuchte es 1649 zum erstenmal. Der eitle Aubrey soll von der Ähnlichkeit seines Namens mit dem von Avebury fasziniert gewesen sein, was ihn zu tiefem Nachdenken über diesen Steinkreis veranlaßte. Er gelangte zu der Überzeugung, daß Avebury wie Stonehenge ein druidischer Tempel war. Die Druiden glichen Aubrey zufolge den Propheten des Alten Testaments: würdevolle alte Herren mit weißen Bärten.

Ich selbst spürte in Avebury die Anwesenheit von ungeheuer Altem, das etwas irgendwo am Grunde der Seele Verborgenes anspricht. Obwohl die Experten der Ur- und Frühgeschichte genau vorschreiben, was hier zu sehen ist, kommt da noch eine psychische Dimension mit ins Spiel. Irgend etwas zieht mich zwischen den Steinen unwiderstehlich in den Bann. Vorstellungen und Bilder steigen auf, wie die Menschen hier wohl gelebt haben, welche Riten hier vollzogen wurden.

Vor dem ersten grauen Stein hält man unwillkürlich inne, sein ungeheuerliches Alter verschlägt einem den Atem. Aber auch ein Gefühl der Befriedigung breitet sich aus, daß etwas von den Menschen Geschaffenes bislang alle Zeiten überdauert hat.

Weiblicher Archetyp des Kreises

Als jemand, der Carl Gustav Jung gelesen hat, sieht man hier den weiblichen Archetypen des Kreises, der durch seine ihn ergänzende Form, den phallisch errichteten Stein, gebildet wird. Avebury besteht aus einem nördlichen und einem südlichen Kreis, in dem sich das Weibliche vollständig mit seinem Schatten darstellt. Erst in der Bronzezeit beginnen sich nachweislich die männlichen Götter durchzusetzen. Für die Zeit des Baus und der »Benutzung« von Avebury nimmt man die Herrschaft des Matriarchats an. Das Weibliche, die Erdgöttin, scheint in Avebury immer anwesend gewesen zu sein.

Angesichts dieser Steine, die in Avebury riesigen Grabstelen gleichen, ist der Gedanke an den Tod, der mehr Spuren als das Leben zu hinterlassen scheint, naheliegend. Alles, was wir von den Megalithkulturen zu wissen glauben, stammt ausnahmslos aus Gräbern. Bei einigen Steinen in Avebury hat man Skelette gefunden, was das archetypische Bild des Menschenopfers entstehen ließ.

Ein weiteres Merkmal der Magie dieser Steinkreise ist, wie leicht sie Vorstellungen von längst vergangenen Welten zum Leben erwecken. Sie setzen Reaktionen aus einem sehr alten Seelengrund frei.

Auf dem flach geschwungenen Overtone Hill stand das sogenannte »Sanctuary«, das Heiligtum von Avebury, das viel älter noch als Avebury ist und später mit jenem durch eine Allee von zweihundert Steinen verbunden war. Bei ihm handelte es sich um einen ebenfalls runden Holzbau, von dem einzig die Pfostenlöcher Zeugnis geben. Jedoch an solch ferner Vergangenheit scheitert auch die Phantasie selbst des Forschers: Man weiß über dieses Sanctuary gar nichts.

Der Steinkreis von Castlerigg

Den für mich wirkungsvollsten Steinkreis fand ich völlig unverhofft im nordenglischen Lake District unweit des Touristenzentrums Keswick in der Grafschaft Cumbria. Man nimmt an, daß dieser sicherlich am schönsten gelegene Steinkreis Englands mindestens ebenso alt wie der von Avebury, wenn nicht gar älter ist. Immerhin gehörte die von Touristen noch relativ unbehelligte Anlage zu den ersten Baudenkmälern, die 1883 in England als schützenswertes Monument eingestuft wurden.

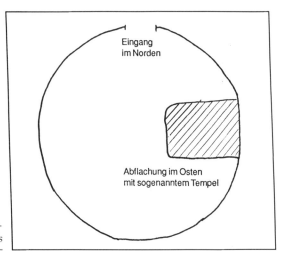

Der Castlerigg-Steinkreis

Der steinerne Ring auf der Spitze eines Hügels, der eine faszinierende Rundumsicht auf die höheren Berge des Lake Districts bietet, verläuft nach Osten zu leicht abgeflacht. Trotz der geringen Unregelmäßigkeit wirkt die Anlage von Castlerigg so rund wie keine andere ihrer Art, da ihre nicht allzu hohen Steine ungewöhnlich eng stehen. Man sollte sich hier einmal klarmachen, daß die Errichtung eines solchen Steinkreises im Megalithikum eine Leistung darstellte, die sich in etwa mit dem Bau der Kathedralen im Mittelalter vergleichen läßt.

Wozu Castlerigg diente, weiß man genausowenig wie bei den Steinkreisen im Süden – wenn auch eine Informationstafel verkündet, daß sich in ihm die Stämme trafen, um Frauen und Tiere zu tauschen.

Hier fiel mir auf, daß kurz nach Sonnenauf- und vor Sonnenuntergang oft eine Schar Krähen auftauchte, die zwei- bis dreimal genau den Kreis entlangflogen, um dann wieder im Nebel der umliegenden Berge zu verschwinden. Einheimische bestätigten mir diese Beobachtung.

Im Osten von Castlerigg befindet sich ein kleiner rechteckiger »Tempel«, eine Steinsetzung, deren eine schmale Wand von der Peripherie des Kreises gebildet wird. Diese Struktur ist einzigartig, und man hat für sie noch keine Erklärung gefunden.

Fruchtbarkeitsriten

Wer Steine und Steinkreise einer genaueren Betrachtung unterzieht, dem wird der Unterschied zwischen männlichen und weiblichen Steinen nicht entgehen. Selbst die Boulevard-Zeitschrift »Praline« berichtete über Stonehenge und Avebury als Orte der Phallus-Symbole. Alexander Keiller, der während der dreißiger Jahre in Avebury grub, hob die deutliche »geschlechtliche« Verschiedenartigkeit der Steine hervor. Ob in Avebury, Stonehenge oder Men-an-Tol – immer können wir die Merkmale von männlichen und weiblichen Steinen klar erkennen. Die männlichen Steine sind unzweifelhaft phallisch und an ihrer Spitze abgerundet, wohingegen die weiblichen Steine entweder wie in Stonehenge Spalten bilden oder als Einzelexemplare eine eindeutig breite Form aufweisen. Da sich auf der Steinallee in Avebury, der »Kennett Avenue«, solche phallischen und weiblichen Steine gegenüberliegen, vermutet man hier ein Zentrum von Fruchtbarkeitskulten, was auf unsere private Sichtweise der Steine nicht

Männliche und weibliche Steine

Ein eindeutig phallischer Monolith aus der Gruppe Devil's Arrow bei Boroughbridge

ohne Auswirkungen bleiben dürfte. Wo Sie sich umschauen – in Avebury, Stonehenge, an den Rollright-Steinen oder an welchen Steinen auch immer: Sie werden bald nur noch weibliche von männlichen Symbolen unterscheiden, wenn Sie Ihren Blick einmal darauf eingestellt haben.

Men-an-Tol

Nach Ansicht des Ehepaars Bord soll es phallische Steine gegeben haben, deren oberer Teil deutlich als Penis mit einer Eichel geformt war. Sie seien in der prüden viktorianischen Zeit umgestürzt worden, da sich ihr Zweck, nämlich einen Fruchtbarkeitskult zu symbolisieren, nicht verleugnen ließ.

Das beste Beispiel für das Zusammenwirken von weiblichen und männlichen Steinen bietet Men-an-Tol, »Stein mit Loch«, wo je ein phallischer Stein einem Lochstein gegenübersteht. Man nimmt an, daß es hier einen Steinkreis gegeben hat. Der Lochstein weist ein rundes Loch auf, durch das ein Erwachsener bequem durchpaßt. Jeder Engländer, der hierherkommt, weiß aus der Schule, daß kranke Kinder den Stein durchkriechen mußten, weil man sich davon ihre Heilung erhoffte. Diese Prozedur läßt den symbolischen Zusammenhang mit der Geburt erkennen: Man wird aus der Öffnung des Steines wiedergeboren und geht so gereinigt in die Welt hinaus.

Widerpart der Geburt ist der Tod, und so verwundert es nicht, wenn Archäologen vermuten, daß der Lochstein der Zugang zu einer Grabkammer war, wobei diese den Uterus symbolisiert. Einige sind auch der Meinung, daß es sich bei Men-an-Tol um die Reste einer größeren Grabanlage handelt. Es stehen mehrere solche Lochsteine in Cornwall, Men-an-Tol jedoch ist mit Abstand der populärste. Noch im 19. Jahrhundert herrschte der Glaube, wer neunmal durch den Lochstein krieche, würde dadurch vom Rheumatismus befreit. Kinder mit Wachstumstörungen brachte man hierher und reichte sie durch die steinerne Öffnung. Der moderne Volksmund hat auch eine Theorie zur Hand: Der Lochstein soll die Erdenergien hochleiten, um sie in der Mitte seines Lochs zu bündeln und zu verstärken. Diese Kräfte

Zugang zu einem Grab?

werden von dem Körper des Menschen aufgenommen, der durch das Loch kriecht.

Als ich das letzte Mal im hier so häufig vorkommenden Nebel den einsamen Weg über die Heide ging, das Tuten der Nebelhörner vom Meer hörte und Men-an-Tol schließlich fast verfehlte, traf ich dort Leute, die Blattgold im Boden vergruben. Der Erde gebührt Dankbarkeit, und das ihr entrissene Eigentum muß zurückerstattet werden. Moderne Engländer waren das, die in Gegenwart der Steine ihre alchimistische Weltsicht ausdrückten.

Wie die Steinkreise zieht Men-an-Tol, das ohne Zaun und irgendwelche touristische Infrastruktur geradezu »vernachlässigt« auf dieser Hochfläche über dem Meer liegt, viele Besucher an – und dennoch ist es nie überfüllt hier.

Ob Men-an-Tol Schauplatz von Fruchtbarkeits- und Wiedergeburtskulten war, wird man nie mehr mit Bestimmtheit sagen können. Sicher ist nur, daß der heutige Mensch diese Steinsetzungen schwerlich anders als unter dem Aspekt »männlich – weiblich« zu betrachten vermag.

Lanyon Quoit

Auf dem Weg zum Men-an-Tol sollten Sie unbedingt am Lanyon Quoit einen Zwischenstopp einlegen (unübersehbar an derselben Straße von Penzance nach Madron gelegen): Es handelt sich um ein Galeriegrab, wie es in Irland bekannt ist und das von einem langen Stein abgedeckt wird. Ursprünglich war es wie alle Begräbnisstätten dieses Typs unter einer Erdaufschüttung verborgen.

Lanyon Quoit, von dem englische Archäologen annehmen, daß es etwa um 2000 v. Chr. entstanden ist, erfüllte über viele Jahrhunderte hinweg seinen Zweck.

Waren die Steinkreise eher menschlichen Attacken ausgesetzt, so wurde Lanyon Quoit 1816 von der Natur besiegt. Bei einem ungewöhnlich starken Sturm fiel das Grab in sich zusammen. 1824 machte man sich an die Restaurierung, wobei man leider nicht die vormalige Höhe berücksichtigte: Früher konnte ein Reiter Lanyon Quoit ohne weiteres passieren, heute würde sich schon das Pferd den Kopf stoßen.

Die besondere Kraft des Heidemonuments drückt sich in seiner Präsenz direkt an der Straße aus: Hier steht es wie ein urtümliches Zeichen, wie ein Mahnmal aus längst vergangenen Zeiten.

In diesen »Quoit« genannten Gräbern vermutete man schon immer Plätze für Fruchtbarkeitskulte, zumal derartige Dolmen – Grabkammern, bestehend aus vier bis sechs Trag- und einem bis zwei Decksteinen – auch auf den melanesischen Inseln zu finden sind und dort als Gebärmutter

Das Galeriegrab Lanyon Quoit im dichten Nebel. Das Grab ist mindestens 4000 Jahre alt

bezeichnet werden. Die Dolmen symbolisieren dem Ehepaar Bord zufolge ebenso wie der Lochstein den Uterus, der dem Toten die Wiedergeburt in eine andere Welt ermöglicht.

Man nahm an, daß in Lanyon Quoit wie an anderen Dolmen Pubertätsriten durchgeführt wurden. Angesichts des jetzigen Zustandes kann ich mir das besser bei Men-an-Tol vorstellen. In Lanyon Quoit vermittelt sich mir das Bild, das zwei interessierte Laien zeigt, wie sie sich über Druiden, Elfen und andere Zauberwesen unterhalten, die einer cornischen Sage zufolge im Innern des unmittelbar im Norden vor mir liegenden Bergrückens eingeschlossen sind.

Cornwall – Das Land der Steine und Gräber
Wer an megalithischen Steinsetzungen interessiert ist, der sollte nach Cornwall fahren, wo er im Gebiet von Land's End auf kleinstem Raum in schönster einsamer Umgebung so viele derartiger Baudenkmäler findet wie sonst nirgends in Europa. Die zwanzig Kilometer lange und etwa sechs Kilometer breite Halbinsel ist übersät von Grabkammern, Grabmalen, Steinkreisen und Monolithen aus der Eisen- und Bronzezeit. Es gibt dort Steindörfer aus dem ersten vorchristlichen Jahrhundert mit oval gebauten Häusern, die noch zur Römerzeit bewohnt waren. Die Römer bekundeten an dieser kargen Gegend im südwestlichen Zipfel Britanniens kein Interesse, wodurch sich keltische Traditionen dort über lange Zeit halten konnten. Auch als die Sachsen bereits das übrige England eingenommen hatten, wurden in Cornwall keltische Dialekte gesprochen.

In Cornwall gehören Magie und die megalithischen Zeugnisse längst vergangener Kulturen untrennbar zusammen – was vom Touristen-Verein auch entsprechend gepflegt wird. Cornwall bietet sich in seiner Werbung als »magic« an: das magische Land der steingewordenen Rätsel. MAGIC ist auch die offizielle Abkürzung des cornischen Kulturprogramms im Sommer, wobei der Kürzel hier für »Museums and Art Galleries in Cornwall« (Museen und Kunstgalerien in Cornwall) steht. Und so verwundert es auch nicht, daß sich die beiden berühmten englischen Bildhauer Barbara Hepworth und Henry Moore wie viele andere englische Künstler in der unmittelbaren Nähe dieser Steine ansiedelten. Man kann die Lochsteine, Dolmen und Menhire von Cornwall als eine Installation ansehen, die wie selbstverständlich mit ihrer kargen Umgebung eine Verbindung eingegangen ist. Schauen Sie sich einmal in der ehemaligen Künstlerstadt Saint Ives das Barbara-Hepworth-Museum an, wo Ihnen wiederum Lochsteine begegnen, die jedoch nicht so alt sind und in einem schönen Garten stehen, der früher der Bildhauerin gehörte.

Archaische Steine und moderne Künstler

Einen guten Eindruck von der Atmosphäre und Magie Cornwalls vermittelt auch Daphne du Mauriers Roman »Cornwall Saga«, der jedem Besucher der Halbinsel als Reiselektüre empfohlen werden kann.

Cerne Abbas

Ein ganz anderes unübersehbares Fruchtbarkeitssymbol verkörpert der Riese von Cerne Abbas in der Grafschaft Dorset, der »Cerne Abbas Giant«. Diese mit einem riesigen Phallus ausgestattete Großfigur ist wie der »Long Man of Wilmington«

Der Cerne-Abbas-Riese, wie man ihn von der Straße aus sieht

in der Grafschaft Essex (Der lange Mann von Wilmington) in die Erde geschnitten worden. Da die Vegetation von seinen Umrißlinien ferngehalten wird, vermag man die gewaltige Silhouette auf dem Berghang deutlich zu erkennen.

Das Alter des Cerne Abbas Giant ist völlig unbekannt. Urkundlich wird er nicht vor 1571 erwähnt. Er scheint jedoch erheblich früheren Datums zu sein, und einzig die Prüderie der Forscher ließ ihn weitgehend unerwähnt.

In der Gegend erzählt man sich verschiedene Geschichten über die Entstehung des Riesen: So soll er einerseits von Mönchen des naheliegenden Klosters angefertigt worden sein, die auf diese Weise ihren Abt karikierten. Zum anderen soll hier im 18. Jahrhundert ein solches Monstrum einem Bauer die Schafe gestohlen haben. Der Bauer erschlug daraufhin den Dieb und zog seinen Umriß als Warnung für dessen Artgenossen nach.

Nach offizieller Sicht, die auch an der Hinweistafel verkündet wird, stellt die Figur Herkules oder den germanischen Gott Thor dar und soll aus dem zweiten vorchristlichen Jahrhundert stammen.

Der fünfundfünfzig Meter hohe Riese galt immer schon als Fruchtbarkeitssymbol. Im Mittelalter wurde oberhalb von ihm eine Kapelle errichtet, womit die alten heidnischen Kräfte gebannt werden sollten. Wie jede neue Glaubensrichtung versuchte sich das Christentum die heiligen Plätze der ursprünglichen Religionen anzueignen, um durch deren Überdeckung die feinstofflichen Körper der Erde unter Kontrolle zu bekommen. Ihr gelang es jedoch lediglich, den Ausdruck des

Fruchtbarkeitsritus zu verändern. Vom Mittelalter an stellte man im »Trendel« (altenglisch: Kreis) einen Maibaum auf, den die Jungfrauen des Dorfes umtanzten. Der Trendel ist ein Erdring über dem Riesen. Es gilt als sicher, daß der Trendel älter als die gewaltige Silhouette ist, und man vermutet hier den Austragungsort der ursprünglichen Fruchtbarkeitsriten. Noch vor ein paar Jahren geisterte ein angebliches Hexenritual, das im Trendel gefeiert worden sei, durch die gesamte englische Presse. Obwohl man in dem Erdring nur ein paar ungewöhnliche Federn gefunden hatte, projizierte man seine Vorstellung von verbotenem Zauber und Hexensabbat auf diese Stelle. Mittlerweile hat sich die Magie mehr auf den Phallus des Riesen verlagert. Noch im 19. Jahrhundert pilgerten kinderlose Frauen hierher, die sich auf das Glied setzten oder gar auf ihm übernachteten. Es wurde auch die Meinung vertreten, daß man auf dem Penis unbedingt Liebe machen müsse, um gesunde Nachkommen zu zeugen.

Fruchtbarkeitsriten und Hexenrituale

Eine einheimische Frau berichtete stolz, daß sie noch jeden Tag auf dem öffentlichen Pfad zu dem Riesenbild hinaufginge, was sie aktiv und gesund hielte. Auf mich jedoch wirkt der Gigant stärker von der Ferne, von oben am Hang hat man allerdings einen schönen Ausblick auf das Tal.

Die Silhouette selbst ist seit einigen Jahren umzäunt und darf nicht mehr betreten werden. Die Gemeinde hält die Umrißlinien des Riesen klar sichtbar, indem sie diese regelmäßig alle zwei Jahre von aller Vegetation befreit und den kleinen Graben mit weißem Kiesel füllt.

Hier sei noch angemerkt, daß auch der Ort Cerne Abbas einen Besuch lohnt. In dem Abschnitt über die heiligen Brunnen finden Sie den Saint Augustine's Well (Brunnen des heiligen Augustinus) auf dem Friedhof beschrieben (siehe Seite 126 f.). Der Ort behauptet von sich, die Straße mit den ältesten Häusern Englands zu besitzen, von denen zwei sogar Geister zu bieten haben.

Heute hat der Fruchtbarkeitstourismus nachgelassen, und der Aussichtspunkt an der Straße A-352 von Sherborne nach Dorchester ist nicht unangenehm touristisch verunstaltet.

Vorrömische Erdbefestigungen

Ganz England ist von alten Erdbefestigungen meist aus der Bronze- und Eisenzeit überzogen. Diese Wälle sind wie die Steinkreise immer rund. Natürlich läßt sich eine solche Aufschüttung einfacher verteidigen als eine eckige, aber das mag nicht der einzige Grund für den kreisförmigen Umriß der Siedlungen sein.

Wenn Sie Stonehenge und Avebury besuchen, kommen Sie in die Nähe von Salisbury, wo der Figsbury Ring und Old Sarum als gute Beispiele diese eisenzeitlichen Erdanlagen repräsentieren.

Figsbury Ring
Der Figsbury Ring wurde um 500 v. Chr. in den Kalkstein gegraben. Er liegt etwa hundert Meter über der ihn umgebenden Landschaft, die an eine ehemals militärisch geprägte Region voller alter Grabhügel grenzt. Von hier aus bietet sich eine hervorragende Gesamtsicht über das Gebiet.

Zwei kreisrunde konzentrische Wälle, die mit seltenen Blumen – etwa geschützten Orchideen – bewachsen sind, bilden die Reste dieser Anlage. Wenn nicht gerade Düsenjäger über ihn hinwegdonnern, strahlt dieser wenig besuchte Platz eine wohltuende Ruhe aus. Von den Wällen schaut man auf die Stadt Salisbury hinunter und kann die Turmspitze der Kathedrale im Südwesten und im Westen Old Sarum liegen sehen.

Ein Ort wohltuender Ruhe

Wie in Warham Camp, das in dem Abschnitt über Orte besonderer Naturschönheiten beschrieben wird (siehe Seite 181 ff.), stehen auch hier am Rand des Innenwalls zwei Bäume, die nach meinem Empfinden einen speziellen Platz markieren. Es scheint, als gehörten sie von Anbeginn an hierher, wenngleich sie mit Bestimmtheit erheblich jünger als die Anlage sind.

Solche Siedlungsstätten aus der Bronze- und Eisenzeit strahlen für mich nicht jene Magie längst vergangener Zeiten aus, wie sie den Steinen der Steinringe anhaftet. Das liegt auch nicht nur daran, daß die Steine tausend bis zweitausend Jahre älter als die Erdbefestigungen sind. Die Bilder, die hier Gestalt annehmen, sind eher von einer romantischen Vorstellung alten Landlebens geprägt. Man sieht Vieh und Menschen und meint, sich die damalige Szenerie ausmalen zu können. Angesichts von Men-an-Tol, Stonehenge und Avebury werden die Bilder viel archaischer. Sind die alten Steine für mich die Orte, wo die Erdenergie als urtümliche Kraft zu uns empordringt, so sprechen an diesen vorrömischen Wallanlagen Naturgeister als Feen und Elfen zu uns. Meist besteht der Innenring solch einer Befestigung aus einer Wiese mit wild wachsenden Blumen, und weiden hier dann noch gemächlich ein paar Kühe, dann ist ein liebliches Bild perfekt.

Old Sarum/Salisbury

Die Gründung von Salisbury wurde von Sarum in die Wege geleitet. Die Kathedrale von Old Sarum hatte man an einem unvorteilhaften Platz erbaut. Hier war es feucht, kalt und zugig, und einige Mönche meinten sogar, daß böse Geister in Old Sarum umgingen. Hinzu kamen noch große Meinungsverschiedenheiten des Klerus mit der dort stationierten Armee. Um den Standort für die heutige Kathedrale von Salisbury zu finden, mußte ein Bogenschütze einen Pfeil von Old Sarum aus abschießen; die Stelle, wo der Pfeil zu Boden fiel, war als Baugrund auserkoren. Das Geschoß traf ein Reh, das sich glücklicherweise noch auf ein Stück kirchlichen Grundbesitzes schleppen konnte, um dort tot zusammenzubrechen. So fand die neue Kathedrale ihren jetzigen Platz.

Der Pfeil, das Reh und die Vision

Eine andere Version der Geschichte von der Verlegung des Gotteshauses sagt, daß dem damaligen Bischof Poor von Old Sarum im Traum die Jungfrau Maria erschienen sei, die ihm den Standort gezeigt habe.

Jedenfalls wurde im 13. Jahrhundert (1220) der Grundstein für eine rein frühgotische Kathedrale gelegt, um die, wie auf dem Reißbrett geplant, New Sarum, das heutige Salisbury, entstand. Auch die Einwohner von Old Sarum fanden hier ihre neue Heimat.

Old Sarum

Old Sarum ist ein großer konischer Hügel mit drei Terrassen, der schon in der Eisenzeit besiedelt und von seinen damaligen Bewohnern mit umfangreichen Verteidigungsanlagen ausgestattet wurde. Die Römer, die in »Serviodunum«, wie sie Old Sarum nannten, eine Militärstation unterhielten, erweiterten diese Befestigungen aus Erdwällen und Palisaden noch. Die Sachsen gaben der Anlage den Namen »Searoburh«. Die solchermaßen befestigte Stadt glich einer Burg, die von hohen Wallringen umgeben war. Diese wurde zur Zeit der Normannen auf einer künstlichen Erhebung im Mittelpunkt des Verteidigungssystems errichtet. In dieser Siedlung, die den befestigten Bergstädten der Toskana glich, soll 1053 der dänische König Knut gestorben sein, nachdem die Dänen fünfzig Jahre zuvor Old Sarum eingenommen und niedergebrannt hatten. Von 1077 bis 1092 wurde in Old Sarum auf Weisung Wilhelms des Eroberers unter dessen Ratgeber Osmund die Kathedrale errichtet, die einige Tage nach der Einweihung durch ein Gewitter erhebliche Beschädigungen erlitt, welche man erst im Rahmen einer erneuten Verstärkung der städtischen Befestigungsanlagen notdürftig ausbesserte. Schließlich wurde sie abgerissen; die Steine dienten teilweise zum Bau der neuen Kathedrale, teilweise zur Verstärkung der Ringmauer. Im 15. Jahrhundert zerfiel die normannische Burg, und die Stadt wurde endgültig verlassen. Zur Zeit Heinrichs VIII. war kein Haus in Old Sarum mehr bewohnt.

Eine Stadt wie eine Burg

Von der alten Kathedrale Old Sarums existieren noch die Grundmauern, die Stadt selbst hat den Wegzug ihrer Bevölkerung nicht überlebt.

Von Old Sarum aus kann man genau über den Turm der Kathedrale von Salisbury hinweg den Erdwall des Clearbury Rings, eines eisenzeitlichen Lagers im Tal des Flusses Avon, im Süden sehen. Eine gedachte Verlängerung dieser geraden Linie nach Norden hin erreicht Stonehenge, das allerdings den Blicken verborgen bleibt.

Die Verbindung des Clearbury-Rings im Süden über Old Sarum und Salisbury mit Stonehenge im Norden stellt ein überzeugendes Beispiel einer Kraftlinie (Leyline) im Sinne von Alfred Watkins dar (siehe Seite 63 ff.).

Salisbury

Der neue Ort Salisbury, der in einer Entfernung von nur etwa drei Kilometern von Old Sarum entstand, wird von einer Kathedrale beherrscht, deren Turmspitze schon von weitem auffällt. Die Errichtung des Gotteshauses war extrem teuer, es konnte nur deswegen im 14. Jahrhundert ausgebaut und mit einem Turm versehen werden, weil

Schreitende Madonna vor der Kathedrale von Salisbury

in Salisbury die Textilmanufakturen gut florierten. William Longspee, der Graf von Salisbury und einer der Zeugen bei der Siegelung der Magna Charta, des ersten schriftlich fixierten Gesetzestextes, legte nicht nur den Grundstein zu dieser Kathedrale, er ließ sich auch in ihr begraben.

Die Magna Charta

König Johann ohne Land (1166–1216), dem die Magna Charta abgerungen wurde, war des Lesens und des Schreibens unkundig. Er ließ den Text von einem Mönch aus Salisbury in die Juristensprache übertragen und versah diese Fassung mit seinem Siegel. Vier Kopien wurden von der Magna Charta angefertigt; eine davon brachte der schriftkundige Mönch nach Salisbury zurück, wo sie in der Kathedrale aufbewahrt ist und heute im »Chapter House« besichtigt werden kann.

Die Kathedrale selbst beeindruckt im Innern durch die Helligkeit, und obwohl ein reges Kommen und Gehen herrscht, läßt sich die andächtige Atmosphäre nicht verleugnen. Von Zeit zu Zeit werden die Besucher außerhalb der Messen über Lautsprecher eingeladen, für einige Minuten innezuhalten und gemeinsam zu beten. Wenn ich dort war, kamen immer fast alle Anwesenden in der einen oder anderen Art dieser Bitte nach.

Sehr eindrucksvoll fand ich auch die beiden libanesischen Zedern im Innenhof des Kreisgangs. Mit dem Holz dieser Zedernart wurde der Tempel in Jerusalem erbaut.

Das Besondere von New Sarum, der im Mittelalter neu gegründeten Stadt, waren ihre breiten Straßen und ihr schachbrettartiger, regelmäßiger Grundriß. Die meisten der so entstandenen quadratischen Viertel wurden nach einem Gasthaus in einem dieser Straßenzüge benannt.

Der Umzug von Old Sarum zu New Sarum war durch den Übergang vom Kreis zum Quadrat geprägt. Andere Formkräfte setzten sich jetzt durch, die sich deutlich von ihren Vorgängern unterschieden.

Tarr Steps

Ein ganz andersartiges Fenster zur Vergangenheit tut sich im meistbesuchten Ort des Exmoor Forest auf: Tarr Steps oder auch Devil's Bridge (Brücke des Teufels) genannt. Tarr Steps ist eine fünfundfünfzig Meter lange Brücke auf siebzehn Trägersteinen über den Fluß Barle.

Wenn man dieses Bauwerk zum erstenmal sieht, denkt man zunächst einmal an die Steinzeit. Die Brücke ließe sich gut in einem der Trickfilme über die Familie Feuerstein unterbringen.

Das wahre Alter der Brücke ist unbekannt. Die Vermutungen variieren zwischen Bronzezeit und Mittelalter. Heute haben sich die meisten englischen Forscher darauf geeinigt, daß sie aus der Zeit um 1000 v. Chr. stammen könnte.

Die Legende berichtet, daß die Brücke zur Entstehungszeit von Stonehenge vom Teufel errichtet wurde. Er brachte die bis zu fünf Tonnen schweren Stützsteine hierher an diesen lieblichen Ort, um über dem Fluß Sonnenbäder zu nehmen. Dies tat er ungestört viele Jahre lang. Eines Tages jedoch wählte die Bevölkerung einen Geistlichen, der dem Satan das öffentliche Wegerecht abverlangen sollte. Jener blieb jedoch sehr starrsinnig,

Tarr Steps – eine 55 Meter lange Steinbrücke unbekannten Alters bei Winsford im Exmoor Forest

obwohl er wußte, daß er die Menschen der Gegend zu großen Umwegen zwang. Er verweigerte das Betreten der Brücke, worauf der Geistliche ebenso gleichmütig, wie er zum Treffen mit dem Teufel gekommen war, wieder seiner Wege ging. Dem Teufel imponierte diese Haltung so sehr, daß er daraufhin freiwillig das Wegerecht anbot.

Die Brücke, die nur einen Meter über dem normalen Wasserstand den Barle überspannt, wurde beim Hochwasser im Winter von 1941/42 und bei der großen Flut 1952 im Mittelteil stark beschädigt und teilweise weggespült. Heute ist sie vollständig wiederhergestellt.

Tarr Steps ist ein sehr schöner Ort, den man allerdings vor zehn Uhr morgens besuchen sollte, um etwas von seiner Ausstrahlung mitzubekommen. Bevor die Touristenscharen anrücken, kann man von der Brücke aus die Forellen im Barle beobachten, in dem es auch Lachse geben soll. Viele Vögel singen im kleinen Wald rings umher, untermalt vom beständigen Rauschen des Flusses. Bilder der Steinzeit und romantische Naturvorstellungen vermischen sich.

Die Gegend von Tarr Steps ist ein bronzezeitliches Siedlungsgebiet gewesen. Am Fluß meint man noch einen Hauch dieser Kultur zu verspüren. Der Anblick der urzeitlichen Brücke ruft Bilder im Betrachter wach, die er nur zu gern auf die Landschaft projiziert.

Wenn Sie Tarr Steps besuchen, gehen Sie unbedingt den ausgeschilderten Fußweg vom Parkplatz entlang und nicht die kürzere Straße, da der Fußweg Sie durch eine schöne Landschaft führt und Sie mit dem unvermittelten Anblick der Brücke überrascht.

Kraftlinien der Erde –
Alte Königsstraßen in England

Ein englischer Exzentriker
und der gerade Weg – Alfred Watkins

Wer sich mit magischen Orten in England beschäftigt, der wird über kurz oder lang auf Alfred Watkins (1855–1935) stoßen. Von ihm stammt die Idee der sogenannten ley lines (im folgenden Leylines) oder kurz »leys« genannt, der Kraftlinien, welche die englische Landschaft durchziehen und die einzelnen prähistorischen Stätten miteinander verbinden. Der Amateurarchäologe, Erfinder, Fotograf und Exzentriker Watkins prägte den Begriff »ley«, um die direkten Verbindungen alter Stätten zu beschreiben.

Man erzählt sich, daß Watkins im Alter von fünfundsechzig Jahren eines Tages in seiner Heimatgrafschaft Herefordshire herumritt auf der Suche nach den Überresten eines römischen Lagers. Als er oben auf einem Hügel Rast machte, sah er plötzlich das Land unter sich wie in einer Vision mit einem leuchtenden geraden Liniennetz überzogen, das alte Steine, Kirchen, heilige Brunnen und andere heilige und magische Plätze miteinander verband. Dies geschah am 30. Juni 1921. Watkins wurde nach Veröffentlichung seiner »Entdeckung« von den meisten seiner Zeitgenos-

Die Vision des Liniennetzes

sen und besonders von den englischen Vor- und Frühgeschichtsforschern verlacht. Man tat ihn als typischen Exzentriker ab – der er auch war. Der Schwachpunkt in Watkins' Theorie der Leylines liegt meines Erachtens darin, daß es nicht einsichtig erscheint, warum diese geraden Linien oft durch unwegsames Gelände wie steile Berghänge und Seen verlaufen. Nach Watkins' Auffassung nämlich sollten die Leylines, die Bergspitzen und -einschnitte, Grabhügel, Menhire und andere hervorstechende Landmarken direkt verbinden, Reisewege markieren. Der vorzeitliche Reisende hätte hierbei genau wie beim Zielen über den Lauf eines Gewehres mit Hilfe von Kimme und Korn über zwei Landmarken hinweg eine dritte angepeilt, die als nächste Etappe seiner Route vorgesehen war.

Leitlinien für Reisende

Man sollte bei der Auseinandersetzung mit Watkins' Theorie bedenken, daß jener sein ganzes Leben in Herefordshire verbrachte, einer in den zwanziger Jahren dieses Jahrhunderts noch weitgehend ländlichen Grafschaft. Hier konnte er in einer nahezu unberührten Natur forschen und sicherlich Spuren von Wegen entdecken, die andernorts und zu späteren Zeiten unwiederfindbar durch Zersiedlung, Verkehrsnetze und andere Kultureingriffe verlorengingen. Aber der direkte Weg muß längst nicht immer der bequemste und auch nicht der schnellste sein. Es fällt schwer zu begreifen, warum der vor- und frühgeschichtliche Reisende nicht einfach Hindernisse umging. Die Existenz solcher geraden Wege – deren Spuren mir nirgendwo außer im Exmoor Forest aufgefallen sind – kann ich mir nur vorstellen, indem der vorgeschichtliche Wanderer Hindernisse nicht zur Kenntnis nahm, da er so bewußt auf sein Ziel ausgerichtet war, daß alles, was dazwischenlag, für ihn nicht mehr zählte.

Letztendlich verbirgt sich hinter diesem Konzept der geraden Wege eine philosophische Haltung: Der Wille des Wanderers hat sich dermaßen auf sein Ziel konzentriert, daß ihn kein Hindernis aufzuhalten vermag. Das ist ein schönes Bild für den Lebensweg, bei dem die Geradlinigkeit alle Schwierigkeiten überwindet. Auch schwingt in diesem Konzept die Zen-Auffassung vom Weg als Ziel mit.

Watkins nahm an, daß die meisten Peilpunkte heilige Orte verkörperten, zu denen auch Brunnen und besonders ansehnliche Bäume – oft Eichen – gehörten. Diese Orte waren für Watkins Treffpunkte, und er ging davon aus, daß der vorgeschichtliche Reisende von einem Versammlungsplatz zum nächsten unterwegs war.

Der von Watkins ins Leben gerufene Old Straight Track Club (Club der alten geraden Wege) widmete sich von den zwanziger bis in die vierziger Jahre dieses Jahrhunderts ausführlich dem Studium der geraden Linien in England, und einige Dokumente dieser Forschungen sind heute im Museum von Hereford, der Geburtsstadt Watkins', zu betrachten. Der Old Straight Track Club hat in der von Paul Devereux herausgegebenen Zeitschrift »The Ley Hunter« eine Nachfolgerin gefunden (siehe Literaturverzeichnis), die permanent über neuentdeckte Kraftlinien berichtet und Untersuchungen alter Pfade und Wege veröffentlicht. Im Stil der neuen Zeit stellt das Magazin auch den »Kraftplatz des Monats« vor, an dem man für gewöhnlich viele Abonnenten dieser Zeitschrift treffen kann.

Solche geraden Verbindungen magischer und heiliger Stätten wurden nicht nur in England angenommen. Die chinesische Geomantie befaßt sich mit den geraden Geisterpfaden (Lung-mei), und die Iren kennen ihre Feenwege, auch »Elfenstraßen« genannt, deren Energiefluß auf keinen Fall durch Bebauung gestört werden durfte. In England sprach man auch schon vor Watkins von den geradlinigen Königsstraßen, den Royal Roads, die vom Mittelpunkt Englands in Lichfield – an der Stelle der heutigen Kathedrale von Saint Mary und Saint Chad – in die vier Himmelsrichtungen ausliefen und das Land durchzogen. Als die vier Königsstraßen Englands gelten der Icknield Way (etwa von Cambridge nach Bristol), die Ermine Street (Ostengland vom Süden nach Norden querend), der Fossy Way (verläuft von Dorset nach Nordosten und stößt in Lincolnshire auf die Ermine Street) und die Watling Street (von der Küste Kents bis in die Gegend Chesters). Schon im 7. Jahrhundert unserer Zeitrechnung erwähnt Beda Venerabilis (622–675), ein Mönch und Kirchenhistoriker, Lichfield als »Angli Mediterranei«, als »Mitte von England«. Aber nicht nur Lichfield wurde als der Mittelpunkt Englands angesehen, sondern auch Oxford, das heute nicht selten als intellektuelle Hauptstadt Englands bezeichnet wird. Ebenso macht eine Kreuzung in Dunstable den Anspruch geltend, in der Mitte Britanniens zu liegen.

Die Royal Roads

Dunstable scheint mir am ehesten diese Forderung zu erfüllen. Es wurde von König Eduard I. (genannt Longshanks, 1272–1307) gegründet. Eduard I. stellte hier ein Gedenkkreuz für die verstorbene Gattin Eleanor (Eleanor of Castile,

1244–1290) auf, die ihren Ehemann auf dem Kreuzzug von 1270 begleitet und ihm dabei das Leben gerettet hat, indem sie eine Wunde aussaugte, die dem König durch einen vergifteten Pfeil zugefügt worden war. Von dieser Kreuzung in Dunstable gehen vier gerade Straßen aus, die West-, Süd-, Nord- und Oststraße genannt wurden. Es gilt als belegt, daß der erfolgreiche Eduard I., der Wales und Schottland – zumindest zeitweise – für die englische Krone gewann, Dunstable als den Omphalos (Mittelpunkt) Englands erachtete. Im Mittelalter war nur die Hauptstadt London noch mit solchen Freiheitsrechten und Steuererleichterungen ausgestattet wie Dunstable; außerdem stand es im Ruf einer Freistadt, womit der Boden hier als heilig galt. Geographisch gesehen liegt Dunstable (bei Luton) allerdings keineswegs im Zentrum des englischen Reiches.

Die Mitte von England

Dem Mabinogion zufolge, einer auf vorchristliche Zeiten zurückgehenden Sammlung magischer Geschichten, verkörpert eindeutig Oxford den Mittelpunkt Englands, von dem alle geraden Straßen ausgehen. Der sagenhafte König Llud befreite England von der Plage des Geschreis, das zwei Drachen verursachten, die an jedem Maiabend am Mittelpunkt Englands kämpften und der Bevölkerung des ganzen Landes keine Ruhe ließen. Llud ließ sein Reich der Länge und Breite nach vermessen und fand heraus, daß Oxford in der Mitte liege. Hier konnte er dann auch die Drachen durch List besiegen.

Das Mabinogion

Interessant an der Geschichte aus dem Mabinogion ist die Art der Festlegung des Omphalos: Der Drache symbolisiert die wilde Erdenergie, die noch nicht zum Wohle des Volkes gebändigt war. Die Zeit der Manifestation dieser Energie war bekannt – die Maiabende –, während der Ort erst durch Messung fixiert werden konnte. Ähnliche Hinweise gibt es auch in Watkins' klassischem Buch »The Old Straight Track«: Die Leylines wurden nämlich nicht nur durch Landmarken, sondern auch von der Zeit her bestimmt: Der archaische Wanderer orientierte sich zum Beispiel am Aufgang der Sonne über einem Bergrücken. Die Zeit ist hier wie in der Geschichte aus dem Mabinogion festgelegt, aber der Ort muß erst noch gefunden werden.

Auf der anderen Seite weist die Erzählung über den Kampf des Priesterkönigs Llud mit den beiden Drachen über Watkins hinaus: Die beiden Drachen versinnbildlichen, wie später noch ausführlich dargestellt wird, die Energien, die an die Erde gebunden werden müssen, indem ein Ordnungssystem für sie entwickelt wird. Die Vermessung gibt an, wo man diese Kräfte fassen kann.

Kritik an Watkins' System
Es geht bei den Leylines meines Erachtens weniger um Reiserouten als um gerade Linien, in denen die Erdenergie pulsiert. Dies kann jeder für sich selbst mit oder ohne Wünschelrute erspüren. Daß diese Linien jedoch alte Wege markiert haben sollen, halte ich für unwahrscheinlich – zumindest angesichts der Dogmatik, mit der Watkins diese These vertrat. Ich möchte hier allerdings auch nicht verschweigen, daß es wiederum das Mabinogion ist, das von geraden Straßen spricht, die vor der Römerzeit angelegt worden sind. In »The History of the Kings of Britain« von Geoffrey

of Monmouth wird vom König Belinus berichtet, er habe den Auftrag erteilt, acht gerade Fernstraßen zu bauen, mit denen Britanniens Städte verbunden werden sollten. Je eine Straße sollte in jeder Himmelsrichtung verlaufen und zwei Straßen diagonal zu den ersten vier liegen, um so die Einteilung Englands in acht Verwaltungsbezirke zu ermöglichen. Das erinnert in der Tat sehr an Watkins' Theorie.

Dennoch betrachte ich die Leylines als ein Netz von Linien, in denen der Erdgeist oder die Erdenergie durch England fließt. In ihnen werden die Kräfte konzentriert und geleitet, weswegen sie auch Plätze mit besonders deutlicher Erdenergie wie Menhire und Steinkreise in England verbinden. Dieses Leyline-Raster scheint alle megalithischen Stätten Englands einzubeziehen.

Vernetzung der Erdkräfte

Ich stelle mir vor, daß die vorgeschichtlichen Menschen für die Erdkräfte ein wesentlich sensibleres Empfinden aufbrachten als wir. Wahrscheinlich konnten sie wie Alfred Watkins diese Energielinien sehen und spüren. Heute, nach der Abstumpfung unserer Sinne für Naturkräfte und zugleich der gewaltigen Überformung der Kulturlandschaft, ist uns diese Fähigkeit verlorengegangen. Der frühere Mensch dagegen nahm die Erdkräfte deutlich wahr, und wo sich diese besonders konzentrierten, errichtete er spezielle Bauwerke, die als Versammlungspunkte dienten.

Ich möchte jedoch zu bedenken geben, daß einige prähistorische Orte, von denen ja ganz England überzogen ist, rein zufällig auf einer geraden Linie liegen. Um diese Tatsache auszuschließen, sollten nach heutiger Kraftlinien-Forschung mindestens fünf Steine oder Steinkreise,

Grabhügel, Erdbefestigungen, Burgen und Kirchen mit einer direkten Linie von möglichst nicht mehr als zwanzig Kilometer Länge verbunden werden können. Außerdem müßten reale Spuren eines solchen Weges nachzuweisen sein.

Leyline-Forschung heute Nachdem Watkins' Forschungen fast vergessen waren, lenkte vor vier Jahrzehnten, als die Ufo-Welle einen Höhepunkt erreichte, Aime Michel (»Flying Saucers and the Straight-Line Mystery«) die Aufmerksamkeit darauf, daß die sogenannten fliegenden Untertassen sich immer in geraden Linien, die den Leylines entsprächen, fortbewegten. Selbst Tony Wedd, der Mitbegründer der Zeitschrift »The Ley Hunter«, erkannte in Leylines und Navigation der Ufos einen Zusammenhang. Ein Problem der modernen Leyline-Forschung in England besteht darin, daß man sich heute mit einer Unmenge von vermuteten Leylines konfrontiert sieht und man schwerlich einen englischen Ort finden kann, der nicht zumindest in der Nähe einer dieser angenommenen Leylines liegt. Da lobe ich mir doch Alfred Watkins, der sehr exakt die Lage einzelner Leylines angibt, die meistens nicht länger als fünfzig Kilometer sind.

Die moderne Wissenschaft der Astroarchäologie geht heutzutage davon aus, daß jene als Leylines bezeichneten Ausrichtungslinien astronomischen Beobachtungen dienten – eine Hypothese, die auch mir noch am ehesten einleuchtet. Diese Theorie schließt jedoch keineswegs aus, daß die Leylines nicht zugleich auch als Kraftlinien und Kanäle der Erdenergie fungieren.

Lage der Kraftlinien

Nachvollziehbar und heute noch mit dem bloßen Auge anpeilbar ist die direkte Verbindung von Figsbury Ring, einer eisenzeitlichen Befestigungsanlage, mit Old Sarum bei Salisbury und der Kathedrale von Salisbury. Eine klare gerade Ausrichtungslinie verläuft mutmaßlich von Stonehenge über Old Sarum zum Clearbury Ring. Ferner dürften im Land's-End-Gebiet von Cornwall die vielen prähistorischen Steine über deutlichen Geraden errichtet worden sein, wie sich anhand einer genauen Karte einwandfrei feststellen läßt.

Am präzisesten scheint mir jedoch die Haupt-Kraftlinie in Südengland zu sein, die bei Sandwich oberhalb des 51. Breitengrades beginnt und dann Canterbury, Maidenstone (Megalith), Knolehouse (heilige Grotte), Godstone (Megalith), Red Hill (Hügelritzung eines Hundes), Amesbury (Steinring, Grab Adams; allerdings wird auch ein Grabhügel in der Nähe von Alton Barnes bei Lockeridge in Wiltshire als solches bezeichnet), Avebury (Steinkreise, Evas Grab), Stonehenge (Sonnentempel), Glastonbury (das heilige Avalon) und die Artus-Burg Tintagel miteinander verbindet. Alle vorgenannten Orte liegen zwischen 51°6' und 51°17', einzig Godstone mit 51°51' macht eine geringfügige Ausnahme. Diese Kraftlinie markiert auch das Gebiet mit den meisten seit den achtziger Jahren entstandenen Kornkreisen.

Die Verbindung der heiligen Orte

Eine weitere wichtige Kraftlinie verläuft in Südengland von dem einer Sonnengottheit geweihten Saint Michael's Mount in Cornwall über den Steinkreis von Cheesewring nach Glastonbury Tor (Heiligtum des keltischen Unterweltgottes), Avebury und Bury Saint Edmund's nach Lowestoft.

Der magische Berg

Für die meisten südenglischen Kraftlinien scheint der Saint Michael's Mount, das Gegenstück zum französischen Mont Saint-Michel, der zentrale Ausgangspunkt zu sein. König Eduard der Bekenner (1042–1066) schenkte Saint Michael's Mount den Benediktinern, die hier ein Kloster und eine Kirche errichteten. Diese Gebäude fielen nach der Auflösung der Klöster unter Heinrich VIII. der englischen Krone zu und wurden sogleich zur Seefestung und Burg aus- und umgebaut. 1646 eroberte der Oberst Saint Aubyn diese Festung. – Soweit die belegte Geschichte...

Der viel romantischeren Überlieferung zufolge lebte auf einer Insel vor der cornischen Küste ein keltischer Heiliger als Einsiedler, der eine Vision vom heiligen Michael hatte. Daraufhin wurde hier 1044 eine dem Erzengel geweihte Kirche gegründet.

Nach anderen Überlieferungen soll Saint Michael's Mount der Überrest des versunkenen Landes Lyonesse sein, das in vorgeschichtlichen Zeiten wie Atlantis in den Fluten verschwand.

Heute steht auf dem Saint Michael's Mount, der als ein »magisches Juwel der englischen Küste« in Reiseführern beschrieben wird, immer noch diese stark befestigte Burg, in der seit dreihundert Jahren die Nachkommen des damaligen Eroberers wohnen.

Das Besondere dieses magischen Berges ist seine üppige subtropische Vegetation. Das Schloß und die Pflanzen lohnen einen Ausflug. Bei Ebbe kann man von Marazion zu Fuß dorthingelangen. Hier lassen sich die Erdkräfte, die durch den Drachenkämpfer Michael symbolisiert werden, noch deutlich spüren.

Falls Sie auf einer präzisen Kraftlinie wandern wollen, kann ich Ihnen einen kleinen Abschnitt des Icknield Ways unweit Oxfords von Princes Risborough nach Goring (etwa zweiunddreißig Kilometer) empfehlen. Diese Route wurde sicherlich schon von neolithischen Stämmen benutzt, die vom Norden Norfolks über Newmarket und Dunstable nach Goring zogen, die Themse überquerten und in die Ebene von Salisbury gelangten. Der Wegabschnitt von Princes Risborough bis nach Goring verläuft auf gut markierten, ruhigen Pfaden durch die Hügel von Chiltern. Die Wanderung führt Sie an der eisenzeitlichen Siedlung von Chinnor, an der frühmittelalterlichen Kirche von Lewknor, an Shirburn Castle, der Kirche von Ewelme und an den Erdwällen von Grim's Ditch, einem der Grenzpunkte des sächsischen Königreichs, vorbei.

Wanderung auf einer Kraftlinie

Georg der Drachentöter

Die Erdenergien eines Ortes werden in den Mythologien weltweit als Drachenkräfte versinnbildlicht. Im alten Griechenland lebten die Menschen mit der Vorstellung, daß unter dem Omphalos eine Python begraben läge, die zuvor vom Sonnengott Apollo getötet worden sei. Die Schlange und der Drache werden in der mythologischen Bilderwelt als Lebenskraft (Kundalini) verstanden, die fixiert werden muß.

In England hat die christliche Kirche den Mythos von der Tötung der Schlange mit der Figur Georgs verknüpft, der ähnlich wie der heilige Michael als Drachenbezwinger auf vielen Abbildungen – besonders in Kirchenfenstern – dargestellt wird. Der Heilige wurde unter Eduard III. (1327–1377), jenem englischen König, der den hundert Jahre währenden Krieg mit Frankreich begann, zum Schutzpatron von England erkoren. Man weiß von Georg sehr wenig, außer daß er wahrscheinlich aus Armenien stammte und als Märtyrer 303 v. Chr. unter Diokletian starb. Bevor er zum Nationalheiligen Englands avancierte, wurde seine Gestalt nicht nur in England für die Idee der Kreuzzüge gründlich ausgenutzt. Die Farben Georgs sind wie die der Alchimisten Weiß und Rot. Er reitet zumeist auf einem Schimmel und trägt einen roten Umhang. Sein Wappen ist das rote Kreuz auf weißem Grund, das die Rückseite des Kreuzfahrergewandes zierte.

Der Schutzpatron von England

Sankt Georg verkörpert den mythologischen Sonnenhelden, der den Drachen, also die Erdenergien, mit seiner Sonnenlanze an einen bestimmten Punkt bannt. So können die Erdenergien für den Menschen nutzbringend eingesetzt werden, indem man sie an einem Ort zur Entfaltung kommen läßt. Das menschliche Bewußtsein – symbolisiert durch die Sonne – fixiert die Erdkräfte auf eine exakte Stelle, um sich ihrer Heilkraft zu vergewissern. Der deutsche Geomant J. M. Möller geht davon aus, daß die Darstellungen der Drachenbezwinger Georg und Michael in Kirchen immer auf ältere Kraftorte, meist Grabhügel, verweisen. Die christliche Sichtweise verstand den Kampf mit dem Drachen als ein Ringen mit bösen Trieben und mit dem Unbewußten. Wenn man bedenkt, daß das Unbewußte wie die Erdkräfte unter der Oberfläche schlummert, so wurde bei der Christianisierung dieser vorchristlichen geomantischen Vorstellung das Bild von der Erde auf den Menschen übertragen. Wie der Mensch den gewaltigen Erdkräften mehr oder weniger hilflos gegenübersteht, so sieht er sich auch den unergründlich gewaltigen Kräften und Strömen seines Unbewußten ohnmächtig ausgesetzt. Englische Könige wie Eduard I. schienen diese Erdkräfte im Hochmittelalter bannen zu wollen – ein Unterfangen, an dem sich schon vor ihm die Druiden versuchten und das wahrscheinlich auch die Steinsetzungen bewirken sollten.

Der heilige Georg, der Drachentöter, wird in England alljährlich am 23. April gefeiert. Einige Engländer behaupten steif und fest, daß dieser Tag Shakespeares Geburtstag und zugleich dessen Todestag sei. Auf alle Fälle wird der »Saint George Day« heute noch mit roten Rosen, einem Symbol des Heiligen, in vielen Gasthäusern begangen. Daß es eigentlich um die Nutzung der Erdkräfte zum Wohle der Menschen geht, ist wohl nur wenigen bewußt.

Alte Wege im Exmoor Forest

Der Exmoor Forest wurde von vorgeschichtlichen Jägern besiedelt, was Funde von zahlreichen Messern und Pfeilspitzen aus der Steinzeit belegen und etwa vierhundert Grabhügel sowie über hundert Steinmonumente, von Steinkreisen bis zu Steinkammer-Gräbern. Auf dem Withypool Hill sind noch Reste eines Steinkreises zu sehen, der aus über hundert Steinen bestand.

Da die Römer den Exmoor Forest nie besetzt hatten, blieb das unwirkliche Bergland lange Zeit heidnisch.

Das Mekka der Ley-Hunters

Hier sind nach meinem Dafürhalten die alten geraden Wanderwege am deutlichsten zu sehen. Der längste dieser Wege verläuft von Dulverton über die Höhe von Anstey, Sandway nach Kingsfort Gate und Mole Chamber. Der Exmoor Forest gilt als der Anziehungspunkt für die sogenannten Ley Hunters (Personen, die Kraftlinien suchen), so daß selbst einige private Herbergen mit ihrem Standort in der Nähe der Kreuzung heilender Kraftlinien werben (etwa in dem schönen Dorf Allerford bei Minehead). Die meisten Wege treffen sich an dem Ort Withypool, von dem seine Bewohner sagen, daß in ihm schwer zu leben sei. Die Kraft solch einer Leylinie-Kreuzung scheint auf einige Menschen deprimierend zu wirken. Noch heute treffen sich in Withypool vier Straßen aus allen vier Himmelsrichtungen, da man hier über eine alte Steinbrücke den Fluß Barle passieren kann. Früher bot in diesem Tal eine Furt links

Typische Landschaft im Exmoor Forest

von der Brücke die Möglichkeit, den Fluß zu durchqueren. Etwas oberhalb der Brücke stand eine große Eiche, die den Schnittpunkt der Kraftlinien exakt markierte. Das Schild des Gasthauses »Royal Oak« (königliche Eiche) erinnert noch an diesen stattlichen Baum.

Im Exmoor Forest wurden die Eichen, denen man nicht selten nachsagte, daß sie mindestens tausend Jahre alt seien und die jahrhundertelang als Landmarken dienten, von der Bevölkerung sehr verehrt. Dies schützte sie allerdings keineswegs vor ihrer Abholzung im 19. Jahrhundert, als viele von ihnen der Altersschwäche zum Opfer fielen und man die Rotbuche als Landmarkierung vorzog.

Der königliche Baum

Ursprünglich stammt der Begriff der königlichen Eiche in England aus der Zeit des Bürgerkriegs, als Oliver Cromwell im Herbst 1651 König Karl II. (1630–1685) vernichtend schlug. Auf seiner Flucht nach Frankreich mußte sich König Karl in einer hohlen Eiche verstecken. Als »Royal Oaks« wurden später weitgehend Bäume verstanden, die auf Kraftlinien oder deren Kreuzungen stehen.

Beim Postamt an der Brücke von Withypool beginnen mehrere Wanderwege, die teilweise die alten Pfade benutzen. Hier soll auch »in den Zeiten von König Artus« eine Feenfamilie gewohnt haben, die als echte Heiden das Glockengeläut der Kirche nicht mehr ertragen konnten. Durch Zauber ließen die Feen die Glocke in den Fluß Barle fallen und bannten sie dort, daß selbst mehrere Pferde sie nicht mehr aus dem Wasser zu ziehen vermochten. Man kann sich den kleinen Ort im Tal des Barle wirklich gut als Wohnsitz einer Feenfamilie vorstellen.

Den Eingang zum Exmoor Forest bildet Bury Castle, eine Erdbefestigung aus der Eisenzeit, die im Mittelalter erweitert wurde, heute jedoch wenig Spuren von Bebauung aufweist. Es ist dicht mit Lorbeerbüschen, Glockenblumen und alten Bäumen bewachsen. Bury Castle (»Bury« ist der angelsächsische Ausdruck für »Burg«; vgl. Glastonbury, Avebury etc.) liegt auf dem Haddon Hill unweit von Dulverton. Von hier aus hat man einen guten Überblick über die Hügellandschaft des Exmoor Forest, und die Vorstellung fällt leicht, daß der Haddon Hill mit seiner alten Wallanlage für den vorgeschichtlichen Wanderer ein hervorragender Anpeilpunkt war. Wo immer man sich im südlichen Exmoor Forest aufhält – die langgezogene Erhebung kann man von den anderen deutlich unterscheiden. Von ihrer Spitze läßt sich sehr gut erkennen, wie die alten geraden Wege sich über die Hügelkämme hinziehen. Dort, wo die Pfade hinunter ins Tal führen, verlaufen sie allerdings in Serpentinen den Berghang hinab und nehmen erst im Tal wieder ihre ursprüngliche Form ein.

Alle diese Wege führen durch ein schwach hügeliges Gelände, dessen Charme in seinen Buchenhecken liegt. Teilweise besteht der Exmoor Forest aus lichtem Wald, in dem sich Eichen und Buchen abwechseln und in dem das einzige Rudel wilder Hirsche Englands lebt. Die Tiere scheinen sich nach Auskunft des dortigen Försters häufig in Bury Castle zu treffen.

Die Buchen befinden sich in diesem Gebiet erst seit dreihundert Jahren, vermehren sich jedoch rasch und verdrängen die ursprünglichen Eichen, da sie diese überwachsen und ihnen das Licht nehmen. Eichen, die an Feldrändern stehen, hat man hier nicht selten die Spitze abgeschnitten, so daß dort neue dünne Zweige gerade in die Höhe getrieben werden. Solcherart gestutzte Bäume markieren häufig die Besitzgrenzen.

Dort, wo alte Wege sich kreuzen, hat man oft riesige Rotbuchen angepflanzt, die man noch heute an vielen Straßenschnittpunkten bewundern kann. Die alten Pfade verlaufen meistens durch ein Terrain mit Buchenhecken, in denen die Äste der Buchen miteinander verflochten werden, so daß ein sehr dichter natürlicher Wall entsteht. In einigen davon stehen in mehr oder weniger regelmäßigen Abständen große, ausgewachsene Buchen, die völlig in das Geflecht integriert sind. Das offene Gelände mit seinen Buchenhecken und geraden Wegen strahlt eine große Ruhe aus. Die hellgrüne Farbe des Buchenlaubs verleiht der Landschaft etwas Freundliches, das ganz im Ge-

Der Stein des Caractactus im Exmoor Forest – ein Menhir, der auf einer Kraftlinie steht

gensatz zu den urtümlicher wirkenden Dorneneinfriedungen Norfolks (siehe Seite 154 ff.) steht. Da die Buchen im Winter ihre braunen Blätter behalten, bietet die Buchenhecke einen vorzüglichen Schutz gegen Wind, Regen und Schnee.

Ein Menhir als Grenzmarke Einen anderen Eingang zum Exmoor Forest markiert der Caractactus Stone (Stein des Caractactus), ein Menhir auf dem Winsford Hill in der Nähe von Tarr Steps, dem meistbesuchten Touristenort der ganzen Umgebung. Der Caractactus Stone steht sehr schief in einer kleinen Steinhütte. Er soll an den König Caractactus erinnern, einen Anführer der südwalisischen Silurer, die 46 n. Chr. von den Römern besiegt wurden. Der Menhir wird 1219 in einem Dokument der Gegend als »long stone« (langer Stein) erwähnt und diente lange Zeit als Grenzmarke des Exmoor Forest, der noch im Mittelalter dicht bewaldet war. In diesem wildreichen Wald besaß einzig der englische König das Jagdrecht. Heute ist das Gebiet eine weitgehend baumlose, sumpfige Hochfläche, die weite Blicke erlaubt. Die beiden Landstraßen, die am Caractactus Stone vorbeiführen, geben in ihrem weiteren Verlauf, der teilweise uralten Pfaden folgt, prächtige Aussichten frei.

Der Caractactus Stone ist von der Landstraße aus gut zu erkennen: wegen der kleinen Steinhütte, die im 19. Jahrhundert zu seinem Schutz um ihn herum errichtet wurde.

Regionales Zentrum des südlichen Exmoor Forest ist Dulverton, von wo aus sich die Umgebung gut auf öffentlichen Wanderpfaden erkunden läßt. In dem freundlichen Ort gibt es einen sehr guten

Alter Brunnen in Withypool

antiquarischen Buchladen, der preisgünstige Bücher über die Natur- und Kulturgeschichte des Exmoor Forest anbietet. Hier kann man auch die entsprechenden Wanderkarten für die Region kaufen.

Als Rundreise durch dieses Gebiet bietet sich folgende Fahrt an: Sie starten in Dulverton, um beim Bury Castle etwa vier Kilometer östlich von Dulverton eine Übersicht über die Landschaft zu bekommen. Vielleicht sehen Sie sich vorher die Fotoausstellung im Exmoor House (in Dulverton an der Brücke) zum Thema Exmoor Forest an. Dann fahren Sie nördlich durch ein typisches Buchenheckenland nach Tarr Steps (siehe Seite 60), von dort zum Caractactus Stone, der an der Straße nach Liscombe liegt, und dann weiter nördlich tiefer in den Exmoor Forest hinein nach Withypool. Von hier wäre eine Fortsetzung der Route über Barnstaple auf der A-39 zur Küste hinunter durch Devon nach Tintagel empfehlenswert. Man durchquert auf diesem Weg die ländliche Buchenhecken- und Steinmauernlandschaft Devons, die besonders an der Grenze zu Cornwall schöne Aussichten auf die Küste bietet.

Der Exmoor Ridgeway Einer der bekanntesten, jedoch leider auch relativ stark begangenen alten Pfade Englands ist der Exmoor Ridgeway, den man in zwei Tagen von Wheddon Cross bis Chapman Barrows (etwa fünfundzwanzig Kilometer) erwandern kann. Dieser Weg ist weitaus anstrengender als der Icknield Way, aber er belohnt die Mühe durch grandiose Ausblicke. Man wandert an bronzezeitlichen Grabhügeln, an Markierungssteinen, Steinreihen und Steinkreisen vorbei; es geht auf und ab und schließlich zur höchsten Stelle des Exmoor Forest, die Beacon genannt wird. Der Beacon ist ein 520 Meter hoher wichtiger Anpeilpunkt für den vorgeschichtlichen Wanderer gewesen, und im Mittelalter befand sich auf ihm eine Signalstation.

Druiden, Merlin und König Artus

Die unbekannten Weisen

Der italienische Komponist Vincenzo Bellini wußte, als er 1831 seine Oper »Norma« mit riesigem Erfolg in der Mailänder Scala uraufführte, genauso wenig über die Druiden wie sein Publikum, das zwar gewisse romantische Vorstellungen haben mochte, diese jedoch mit dem Leben geschichtlicher Druiden wenig gemein hatten. Es ging hier wohl mehr um den Druiden im eigenen Herzen. Das wurde besonders deutlich bei der »Norma«-Premiere in England, wo man sogar ein Modell-Stonehenge auf der Bühne präsentierte. Die Druiden wanderten allerdings erst tausend bis anderthalbtausend Jahre nach dem vermutlichen Abschluß der ersten Bauphase von Stonehenge in England ein. Doch muß man auch sagen, daß allen historischen Fakten zum Trotz die Druiden (der gefühlsbetonten Vorstellung) untrennbar mit Stonehenge verbunden sind.

Alle möglichen Autoren haben ihre romantische Ader im Zusammenhang mit den Druiden kräftig ausgelebt. Das fängt schon mit den Römern an, bei denen Diodor (der kurz vor dem Beginn unserer Zeitrechnung starb) und Strabo (etwa 63–20 v. Chr.) sich auf den syrischen Geo-

Die »keltischen Brahmanen« graphen Poseidonios (135–51 v. Chr.) beziehen, wenn sie die Druiden als Naturphilosophen mit erstaunlichen magischen Fähigkeiten beschreiben. Die magische Seite der Druiden hat sich noch vielfach in der englischen Folklore erhalten. So sagt man zum Beispiel im Bodmin Moor von dem Druid Chair – einem Felsen, der als Stuhl des Druiden bezeichnet wird –, daß auf ihm ein Eichenkundiger saß, der aus einem nie versiegenden Becher trank. Diesen Wunderbecher soll er den Feen gestohlen haben.

Eine ähnliche Geschichte erzählt man sich im cornischen Rillaton, wo am dortigen Grabhügel (Tumulus) ein druidischer Priester umgegangen sei, der jedem Vorbeikommenden einen erfrischenden Trank in einem goldenen Becher angeboten habe. Keinem sei es gelungen, das Trinkgefäß zu leeren. Ein betrunkener Jäger, der den Becher kredenzt bekam, soll aus Wut darüber, daß er ihn nicht austrinken konnte, ihn dem Druiden ins Gesicht geworfen haben. Noch selbigen Tags starb der Frevler durch einen Unfall, und der Druide ward nicht mehr gesehen – allerdings tauchte erstaunlicherweise der goldene Becher wieder auf. Ihn fand man 1818 bei Ausgrabungen an eben jenem Grabhügel von Rillaton: »The Spectre's Cup« ist heute im Britischen Museum zu London ausgestellt.

Strabo zufolge vertraten die Druiden die Lehre von der Unzerstörbarkeit der menschlichen Seele und eine an den Hinduismus und Buddhismus erinnernde Wiedergeburtstheorie, weswegen auch der irische Keltologe Myles Dillon, ein ehemaliger Professor in Dublin, die Druiden als »keltische Brahmanen« bezeichnete. Sie kamen von

Indien nach England und sollen neben einer keltischen Form des Urchristentums auch den Kompaß eingeführt haben.

Wie dem auch sei – die Kelten waren die ersten historisch nachweisbaren Besetzer der britischen Insel, die in drei Wellen einwanderten: Um 600 v. Chr. landeten die kriegerischen Gälen an der südenglischen Küste, um sich dort niederzulassen.

Etwa 400 v. Chr. besiedelten die Brythonen das heutige Wales und Teile Südwestenglands.

Ab 150 v. Chr. machten sich dann von Nordfrankreich aus die Belgen auf den Weg nach Britannien.

Alle diese keltischen Stämme kannten den Druiden als Organisator ihrer Gesellschaft.

Die Schwierigkeit ist: Man weiß vom realen Weltbild der Druiden fast nichts, außer daß sie wohl glaubten, unser gesamtes Universum würde ewig überdauern. Gleichzeitig nahmen sie aber an, daß in späteren, unbestimmbaren Zeiten unsere Welt in einem Sturm von Feuer und Wasser zugleich unterginge.

Das Weltbild der Druiden

Bis ins 19. Jahrhundert leitete man den Begriff »Druide« von »drus« für »Eiche« und von »wid« für »Wissen« ab. Warum sollte jedoch das keltische »druide« auf das griechische »drus« zurückgehen? Wahrscheinlich stammt das Wort »druide« vom altkeltischen »druwides« ab, wobei »dru« »viel« bedeutet und »wid« auf »Wissen« verweist. Die Druiden sind also diejenigen, die viel wissen. Dennoch waren sie Baum- und besonders Eichenkundige gewesen, die sich in den Wäldern oder unter heiligen Eichen zu versammeln pflegten.

Die Klosterküche ist das einzige erhaltene Gebäude der Abtei von Glastonbury

Unser Problem mit den Druiden liegt darin, daß sie uns ganz bewußt keinerlei schriftliche Dokumente über ihre Mythologie überliefert haben, obwohl sie als die Intellektuellen der Inselkelten anzusehen sind. Man kann Cäsar zustimmen, der meinte, daß die Druiden den Gebrauch der Schrift verboten, da sie ihre Lehre nicht unter das Volk bringen wollten. Sie amtierten als Priester, Lehrer, Richter und waren sehr belesen. Zur Zeit der Römer fungierten die Druiden zum Teil sicher auch als machtbesessene Berater ihrer Fürsten, die ihnen viele Vorrechte gewährten.

Jeder scheint seit Plinius dem Älteren (23–79 n. Chr.) zu wissen, daß die Druiden wie in den Asterix-Heften in weiße Tücher gekleidet am sechsten Tag jedes Monats mit goldenen Sicheln die Misteln von den heiligen Eichen schnitten. Wahrscheinlich haben sie diese Pflanze, welche die körpereigenen Abwehrkräfte stark erhöht, zu medizinischen Zwecken gebraucht, wie es in unserer Zeit bei den Anthroposophen üblich ist.

Außer der Mistel waren den Druiden die Äpfel heilig, denen sie heilsame Kräfte zusprachen – wovon noch heute das englische Sprichwort »an apple a day keeps the doctor away« (ein Apfel pro Tag hält den Doktor fern) zeugt. Ihr heiliges Avalon, das heutige Glastonbury, wurde »Die Insel der Apfelbäume« genannt.

Der Orden der Druiden

Die Druiden sind keineswegs durch Römer, Sachsen und Normannen verdrängt worden und untergegangen. Nach offiziellen Angaben ihres heutigen Ordens hat es sie in England immer gegeben. Ihre letzte aktive Periode begann 1717, als die Druiden aller englischen Gebiete sich in der »Apple Tree Tavern« (Gasthaus zum Apfelbaum) im Londoner Covent Garden trafen. Dort wurde der Druiden-Orden von John Tolland (1669–1722), einem irischen Katholiken, der vom Heidentum fasziniert war, gegründet, dem auch der englische

Dichter und Maler William Blake angehörte. 1781 entstand ein freimaurerischer Geheimbund der Druiden, der sich in England schnell wieder aufsplitterte, aber in den USA und Australien riesigen Zulauf hatte. Auch diese Organisation zählte Blake zu ihren Mitgliedern. Gegen Ende des 18. Jahrhunderts schlossen sich dann die verschiedenen Druiden-Orden weltweit zur »Internationalen Weltloge der Druiden« zusammen, deren Wahlspruch lautet: »Ehre Gott, scheue das Böse, sei stark und treu«. Die Druiden sind heutzutage in Haine (Groves) organisiert, beschäftigen sich mit der Artus-Sage, dem Gral-Mythos und den Leylines der Erde. Warum sich Winston Churchill 1908 auf Schloß Blenheim, seinem Geburtsort, in die »Albion Lodge of the Ancient Order of the Druids« aufnehmen ließ, wird wohl verborgen bleiben. Es ist ein Foto von der Einführungszeremonie vorhanden, das neuzeitliche Druiden mit angeklebten weißen Bärten zeigt.

Dem Keltologen Gerhard Herm zufolge soll 1945 der deutsche Schriftsteller Ernst Jünger vorgeschlagen haben, das Wissen um die Atomkernspaltung einem Orden wie dem der Druiden anzuvertrauen, da solchermaßen »physische Macht durch geistige überhöht« würde.

Die »Keltomanie« Dieser Würdigung der druidischen Ethik durch Jünger widerspricht teilweise der englische Umgang mit dem Druidenbild erheblich. So beschäftigte ein reicher Exzentriker, Sir Rowland Hill, einen Diener, der als Druide in weiße Tücher gewandet umherzuhuschen hatte, wenn der Hausherr seinen Stonehenge-Nachbau im Park den Gästen präsentierte. Die »Keltomanie« fand ihren Höhepunkt in der Behauptung, daß Adam und Eva im Paradies keltisch gesprochen hätten und das Kelten- und Druidentum die Wiege der menschlichen Kultur sei. Da gibt es die Sage vom guten Druiden Ram, der als Rama der Begründer der indischen Religionen gewesen sei. Besonders Edouard Schure hat diesen Mythos 1889 in seinem Buch »Die großen Eingeweihten« ungeprüft übernommen und nicht erkannt, daß es sich bei der Geschichte um ein Phantasieprodukt des französischen Schriftstellers Fabre d'Olivet handelt. Zwischen den beiden Weltkriegen wurde Schures Geschichte besonders in Deutschland gern verbreitet, da eine derartige Schwärmerei für die Druiden und somit für die nordische Rasse bestens in das ideologische Weltbild des Faschismus paßte.

Als beliebtester und bekanntester Druide dürfte wohl Merlin gelten, der sicherlich eher eine Stellung oder einen Rang als eine individuelle Person verkörperte. Merlin war so etwas wie der Ober-Druide, das edle romantisierte Bild vom Druiden – nicht nur aus englischer Sichtweise.

In dem alten Marktstädtchen Marlborough, das durch sein großes College, einen sehenswerten Backsteinbau, geprägt wird, befindet sich dem englischen Volksglauben nach Merlins Grab. Auf dem Grundstück des Marlborough College wölbt sich ein kegelförmiger prähistorischer Hügel, der Merlins letzte Ruhestätte sein soll. Man versuchte sogar, wenngleich unter erheblichen Schwierigkeiten, den Namen der Stadt auf den Zauberer zurückzuführen.

Interessant ist, daß Marlborough im Zentrum der Gegend liegt, die in den letzten Jahren die meisten Kornkreise verzeichnete. In ihnen sehen die größten Romantiker unter den Kornkreis-Forschern Merlins Geist wirken.

Das klassische Dreiecksverhältnis: Die Artus-Sage

Nahezu jeder kennt ihn: Artus, den König, der durch Marion Zimmer-Bradleys Roman »Die Nebel von Avalon« ins Gedächtnis der Welt zurückgerufen wurde. Die größte Heldentat von Artus besteht sicherlich darin, daß er für mehr als achthundert Jahre Schriftsteller zu Bestsellern inspirierte. Heute können wir in der Artus-Gestalt manches über den Wert eines männlich beschützenden Mentors für das Leben junger Männer erkennen.

Wenn Sie in den Süden Englands reisen, speziell nach Cornwall oder Somerset, dann werden Sie schwerlich einen Ort finden, der sich nicht in irgendeiner Weise mit der Artus-Sage in Beziehung setzt.

Bei Dover Castle soll zum Beispiel nach Sir Thomas Malorys »Le Mort d'Arthur« (um 1470) Artus' letzte Schlacht mit seinem Neffen Mordred stattgefunden haben. Allerdings behauptet dies auch der kleine Ort Slaughterbridge bei Camelford von sich – das Ereignis habe sich um 539 n. Chr. zugetragen. Die Camelforder können sich auf keinen Geringeren als Geoffrey of Monmouth (um 1136) berufen, der die Furt des Flusses Camel als Kampfstätte angibt. An der alten Steinbrücke fand man im 17. Jahrhundert Waffenteile und

Ringe. Allerdings können Skeptiker sogleich einwenden, daß die Furt des Camel-Flusses mit Sicherheit 825 n. Chr. Austragungsort einer bedeutsamen bewaffneten Auseinandersetzung gewesen ist, in deren Folge Egbert von Wessex schließlich Cornwall einnahm.

In der Tudorzeit nahm man an, daß Artus nicht fern der Brücke am Camel seine letzte Ruhe gefunden habe, obwohl als Grabstätte des Königs und seiner Frau Ginevra heute Glastonbury vorgezogen wird.

Wo liegt das Grab des Helden?

Im Bodmin Moor von Cornwall konkurrieren gleich zwei weitere Orte um das echte Artus-Grab. Bei dem schönen Dorf Saint Cleer am Rand des Moors liegt Arthur's Quoit, ein Kammergrab des zweiten vorchristlichen Jahrhunderts, das sicherlich nichts mit Artus zu tun hat. Der Besuch

Camelford – in diesem Tal soll die letzte Schlacht von König Artus stattgefunden haben

lohnt sich dennoch wegen seiner sieben mächtigen Blöcke, die einen tonnenschweren Deckstein tragen.

Noch an derselben Straße, der B-3254, aber etwas nördlicher liegt Berrowbridge, wo ein Fußpfad zu Arthur's Bed (Artus' Bett) in den bewaldeten Smallacoombe Downs führt. Beim angeblichen Artus-Grab handelt es sich um einen sarkophagähnlich ausgehöhlten Granitblock, der in einem uralten Siedlungsgebiet liegt. Ob der Felsklotz durch natürliche Verwitterung oder Menschenhand ausgehöhlt wurde, bleibt unklar.

Von Slaughterbridge ist es nur ein kurzer Weg zur Artus-Burg Tintagel. Zwischen diesen beiden Orten soll Artus noch heute in den hier so häufig von der See hereinziehenden Nebelschwaden gesehen worden sein.

Aber neben Tintagel an der cornischen Küste rühmt sich auch Cadbury in Somerset, Standort der echten Artus-Burg, des sagenhaften Camelot, gewesen zu sein. Cadbury Castle ist ursprünglich eine Hügelbefestigung aus der Neusteinzeit, die in der Eisenzeit ausgebaut wurde.

In der alten Hauptstadt Englands, Winchester, kann man in der Great Hall zumindest den runden Tisch der Tafelrunde betrachten, an dem allerdings, jede Illusion zerstörend, Heinrich VIII. als König Artus abgebildet wird. Es paßt perfekt zur damaligen Politik der Tudors, daß sich deren taktisches Genie Heinrich VIII. sozusagen als Artus II. darstellt, um seinen Herrschaftsanspruch auch volkstümlich wirksam zu untermauern.

Malory sieht in Winchester Castle, von dem nur noch die unter Heinrich III. erbaute große Halle in der High Street steht, die Artus-Burg

Camelot. Fest steht allerdings nur, daß es in Winchester eine große Keltenansiedlung gegeben hat.

Wie dem auch sei, der Artus-Tourismus schlägt hohe Wellen. Ich kann nur sagen, daß nach meinen Vorstellungen von der Artus-Sage Slaughterbridge und Tintagel die Orte sind, wo ich, was die Energie des Platzes betrifft, etwas von einer gewissen »Artus-Qualität« spürte. Allerdings erliege ich hier mit Bestimmtheit dem romantischen Artus-Bild von einem weisen König, der die Ratschläge Merlins, seines der Naturmagie verbundenen Lehrers, befolgt.

Slaughterbridge ist im Gegensatz zur Tudorzeit heute ein erfreulich untouristischer Ort. An der alten Steinbrücke über den Fluß Camel steht nicht einmal ein Hinweisschild, wogegen auf dem Marktplatz von Camelford allerdings eine Informationstafel auf das Geschehen an der Furt verweist. Gehen Sie an der Steinbrücke zum Camel hinunter, und lassen Sie dort die Magie auf sich einwirken. Es lohnt sich.

Eine Viertelstunde von Slaughterbridge entfernt liegt Tintagel, ein verschandeltes Mekka der Touristen, in dem jedes Restaurant und jeder Laden, letztendlich jedes kommerziell ausgerichtete Gebäude sich schon vom Namen her auf die Artus-Sage bezieht. Merlin steht im weißen Rauschebart vor einem Souvenirladen, der das Zauberschwert Excalibur in rotem, blauem und neongrünem Plastik verkauft. Ein König Artus aus Pappe wirbt gleich gegenüber auf der anderen Straßenseite für Cornish Cream Teas, eine Delikatesse Cornwalls: Tee, zu dem man Rosinenbrötchen mit Marmelade und Sahne ißt. Und nicht

Direkt unterhalb der Tintagel-Burg frißt sich das Meer immer weiter ins Land hinein

fern von dem kühnen Felsen, der die Ruinen Tintagels trägt, kann man des Nachts sogar Excalibur gefährlich blitzen sehen – allerdings in Neon, um die Artus-Touristen zur Disco des Ortes zu locken, wo sie auf eine Ginevra oder einen Lanzelot zu treffen hoffen.

Von besonderem Reiz ist auch die Hall of Chivalry, der heutige Versammlungsraum der Freimaurer, die aus fünfzig verschiedenen cornischen Steinarten gebaut ist und die dreiundsiebzig Fenster schmücken, in denen die Tugenden der Ritter der Tafelrunde symbolisch dargestellt werden. Dieses Gebäude wurde von Frederick Glasscock errichtet, der hier eine Artus-Bruderschaft mit eigenen Ritualen gründete, die ihm, wie böse Zungen behaupten, zu einer weiteren Million in seinem Eierpudding-Geschäft verhalf.

Die Burg Tintagel fasziniert durch ihre phantastische Lage über dem Atlantik. Das meist sehr rauhe Meer hat seit dem Mittelalter das vermeintliche Schloß Camelot in zwei Teile gespalten, zwischen denen nur noch eine schmale Landbrücke besteht. Lange wird der Schiefer den Atlantikwellen nicht mehr standhalten: Die Schloßruinen werden durch die Brandung zunehmend unterhöhlt.

Unter dem Eingang zum inneren Burghof liegt Merlin's Cave, die Grotte Merlins, wo der alte Zauberer noch heute umgehen soll.

Selbst oben auf den Felsen von Tintagel spürt man noch die enorme Wucht des Meeres und kann sich nur neidisch in die Lage früherer Bewohner versetzen, denen ein grandioser Ausblick vergönnt war: über eine typisch cornische bizarre Steilküste mit einer kleinen vorgelagerten Felseninsel. Die Sicht ist durchdrungen mit der Magie von Wasser und Fels, und auch die Luft läßt sich wortwörtlich mit den Augen erfassen, wie sie die Möwen und Raben, die unterhalb des steilen Kliffs in der Thermik segeln, trägt.

Am eindrucksvollsten – neben seiner Lage – wirkte auf mich in Tintagel ein in den Fels geschlagener Tunnel auf dem obersten Plateau, der eine kurze Strecke unterirdisch verläuft, um dann wieder an dem leichten Hang zum Meer hin an die Erdoberfläche zu gelangen. Seine Funktion und Datierung geben ein Rätsel auf. Wenn man diesen in frühgotischer Form in den Fels geschnittenen kurzen Gang betritt, hat man das Gefühl, in urältestes hartes Gestein hinabzusteigen, obwohl er weder tief in die Erde hineinführt noch so lang ist, als daß nicht fortwährend am Ausgang das Tageslicht zu sehen wäre.

Druiden, Merlin und König Artus

Von der Tintagel-Burg sind nur wenige Grundmauern erhalten, doch dieser Platz hat immer noch eine starke Naturmagie

Was wir heute noch am weitflächigen Tintagel besichtigen können, sind größtenteils Grundmauern aus dem 15. Jahrhundert. Es gilt zwar als sicher, daß Richard von Cornwall dieses Schloß 1233 bis 1236 eventuell auf den Grundmauern einer älteren Burg errichten ließ, aber schon ein Jahrhundert später war die Anlage verlassen und dem Zerfall preisgegeben, bis sie in den letzten Jahrzehnten des 15. Jahrhunderts teilweise wiederaufgebaut wurde.

Erstaunlicherweise übt gerade Tintagel, das erst sechshundert Jahre nach dem Tod des historischen Artus entstanden ist, auf die meisten Artus-Touristen die größte Faszination aus.

Dieser Felsenkopf im Atlantik scheint Geschichten um dramatische Dreiecksverhältnisse magisch anzuziehen. Nicht nur daß Artus, Ginevra und Lanzelot sich hier gemeinsam ver-

*Links:
Tintagel Castle, ein Stollen dessen Funktion unbekannt ist*

Ein neuerer Teil der »Artus-Burg« Tintagel

gnügten – der mittelalterliche englische Geschichtsschreiber Malory nahm auch an, daß Tintagel die Burg von König Marke gewesen sei, wo sich Tristan in Isolde, die Frau Markes, verliebt habe. Auch Artus selbst soll hier aus einer – allerdings unfreiwilligen – Verbindung dreier Personen hervorgegangen sein.

Tintagel ist über die Jahre zum Inbegriff all dessen geworden, was man auf Artus projizieren kann. Wahrscheinlich ist der Urheber des Ganzen Geoffrey of Monmouth, der von der Lage dieser damals im Bau befindlichen Festung fasziniert war und so die Geschichte von Artus' Zeugung durch Uther Pendragon und Igerna (Ygerne) hier stattfinden ließ. Daß in Tintagel Igerna, die schönste Frau der britischen Insel, gelebt hat, mag man sich gern vorstellen, und wen kümmert es heute schon, ob nun Isolde oder Igerna als damalige Miß Britannien angesehen wurde ...

Eine cornische Sage

Igerna war so anziehend, daß Uther Pendragon sie besitzen mußte, obwohl sie mit Gorlois, dem Herrn von Cornwall, verheiratet war und von diesem eifersüchtig bewacht wurde. Durch Merlins Zauber gelangte Uther Pendragon letztendlich nach einigem Liebesleiden in Gestalt ihres Gatten Gorlois in Igernas Bett, wo er mit ihr Artus zeugte. Zuvor hatte Uther Pendragon beim cornischen Port Isaac Gorlois getötet, was Igerna jedoch nicht wußte.

Den Säugling Artus verlangt der in der Zeit rückwärts lebende Merlin für sich und läßt ihn durch Sir Ector aufziehen. Als Artus dann später in London an der Versammlung keltischer Adliger teilnimmt, kann er als Englands wahrer König sein ihm zugedachtes Schwert Excalibur aus dem Stein ziehen. Der Abkömmling aus dem unfreiwilligen Ehebruch Igernas beginnt nun das ritterliche Leben Cornwalls maßgeblich zu beeinflussen. Artus heiratet bald Ginevra (was soviel wie »weiße Erscheinung« heißt), die Tochter des Zwergenkönigs Leodegrance. Jene kokette Ginevra bringt den riesigen Tisch mit in die Ehe, an dem hundertfünfzig Ritter bequem Platz fanden. So entstand die Tafelrunde, in der der edle Ritter Lanzelot eine besondere Rolle als engster Freund von Artus und Liebhaber Ginevras spielte.

Von Tristan, der sich aufgrund eines ihm verabreichten magischen Trankes unsterblich in Isolde verliebte, wird gesagt, auch der erlauchten Tafelrunde angehört zu haben. Isolde, die Angetraute seines Onkels Marke, soll Tristan später nach Frankreich entführt haben, wo er, als die Kraft des Liebestrankes nachließ, sein Herz an eine weitere Isolde, nämlich Isolde Blanceflour

Tristan und Isolde

(oder Iseult of the White Hands), verlor. Diesen Teil der Geschichte hat Richard Wagner verständlicherweise unterschlagen, denn er nimmt dem Geschehen um Isoldes Liebestrank die dramatisch-romantische Wirkung.

Nach einer anderen Version dieser Sage will Isolde nach drei Jahren, wieder ernüchtert auf dem Boden der Tatsachen, zurück zu König Marke (nach Tintagel oder Castle Dore). Marke nimmt Isolde unter der Bedingung wieder auf, mit ihm auf Wallfahrt zu einer Kirche mit heiligen Reliquien zu gehen und ihm dort zu schwören, daß sie ihn nicht betrogen habe. Auf der Reise zum Wallfahrtsort kommen sie an eine Furt, wo Tristan, als Aussätziger verkleidet, wartet. Isolde fragt den verkleideten Tristan, ob er sie durch das Wasser trüge, und leistet dann bei den Reliquien der Kirche (der heutigen Saint-Endellion-Kirche an der B-3264) den Eid, daß sie keinen anderen Mann als Marke und den Aussätzigen zwischen ihre Schenkel gelassen habe. Tristan verläßt daraufhin England, wird in einer Schlacht schwer verwundet und nach Cornwall zurückgebracht, wo er in Castle Dore stirbt.

Castle Dore ist ein schwer zu findender Platz von außerordentlicher Naturschönheit, etwa vier Kilometer westlich von Fowey/Cornwall. Heute sind hier zwei konzentrische Ringwälle zu sehen, die einen Rundblick teils über das Meer, teils über die hügelige cornische Landschaft bieten. Die Anlage ist von Feldern umgeben und mit vielen verschiedenen Wildblumen bewachsen. Das Hinweisschild an der Straße ist leicht zu übersehen. Außerdem kann ich die Brombeeren aus König

Wo Tristan begraben liegt

Links:
Tristans Grabstein bei Fowey in Cornwall

Markes verwildertem Garten empfehlen. Diese Anlage stammt aus dem dritten vorchristlichen Jahrhundert. In ihrer Mitte wurde Tristans Grabstein gefunden, der heute kurz vor dem Ortseingang nach Fowey links an der A-3082 steht. Es handelt sich um einen etwa zwei Meter hohen Monolithen auf einem Podest, den man erst 1971 direkt an der Fahrbahn plaziert hat. Vorher befand er sich am Tor des Hauses der Bestsellerautorin Daphne du Maurier, die einen Tristan-Roman geplant hatte. Der Stein weist Spuren einer kaum erkennbaren Inschrift auf: »drusanus hic iacit cunumori filius« (Hier liegt Tristan, Sohn des Cunomorus bzw. Cunumorus). Cunomorus war der lateinische Name des Königs Cynfawr, zu dessen Reich Cornwall gehörte. Ausgrabungen von 1935/36 ergaben, daß Castle Dore zur Zeit Artus' bewohnt war. Cynfawr soll einigen Historikern zufolge König Marke gewesen sein. Marke, Tristan und Isolde sind also die Protagonisten eines ödipalen Dreiecksverhältnisses, das wohl nach dem Vorbild der klassischen Geschichte von Theseus, Hippolytus und Phädra auf die Vater-Sohn-Rivalität verweisen soll.

Die Ritter der Tafelrunde, darunter Lanzelots Sohn Galahad und Parzival, widmeten sich gegen Ende der Geschichte um Artus ausschließlich der Gralssuche und gingen in alle Himmelsrichtungen auseinander.

Merlin, der edle Zauberer Der edle Zauberer Merlin soll der Sage nach zunächst einmal Julius Cäsar in Rom besucht und sich ausgiebigst mit dem in der Magie sehr bewanderten Vergil (70–19 v. Chr.) ausgetauscht haben, der interessanterweise die Geburt eines göttlichen Kindes weissagt, die den Anbruch eines goldenen Zeitalters einleite. Bis ins Mittelalter hinein bezogen die Christen diese Prophezeiung auf Jesus Christus. Nach dem Treffen mit Vergil kehrte Merlin als Helfer und Berater von Artus nach England zurück, ließ sich jedoch später von der ebenso wunderschönen wie verführerischen Fee Viviane hinter einem Busch verzaubern. Er tauchte dann in Avalon als behüteter Liebhaber Vivianes unter oder zog sich in den großen Wald zurück, wo er vollständig mit der Natur und der Landschaft verschmolz, weswegen sich sein materieller Körper heute nicht mehr nachweisen läßt. Aber wir alle tragen ja unseren Merlin im Herzen, der uns die heilende Kraft der Natur erfahren läßt.

Tintagel ist ein Platz der Naturgewalten, und so verwundert es mich nicht, daß dieser Felskopf aus Vulkan- und Schiefergestein zu naturmagischen Spekulationen Anlaß gab. Man schaue sich nur einmal die Zeichnung Tintagels von dem englischen Maler und Goethe-Anhänger J. M. Turner an, der die ganze Naturromantik, die sich um König Artus spinnt, in typisch viktorianischer Weise pathetisch einfängt.

Hier soll eine wichtige südenglische Kraftlinie ins Meer münden. Immerhin galt Cornwall in Feenkreisen schon immer als bevorzugter Wohnort. Die Naturgeister hätten, so sagt man, die etwas südlich von Tintagel gelegenen ersten Zinnminen betrieben, deren verfallene Türme so typisch gerade für die südwestlichen cornischen Küstenstreifen sind. Die Feen, die sich schließlich über ganz Cornwall ausbreiteten, wurden »Knok-

Wohnort der Naturgeister

kers« genannt, da sie das Gestein losklopften. Ihnen wurde eine besondere Sensibilität für Erdenergien nachgesagt. Diese koboldartigen Wesen sollen die Vorfahren derjenigen Menschen gewesen sein, die vor den Kelten in Cornwall lebten. Robert Burton schreibt 1621 in seiner so verrückten wie gelehrten »Anatomie der Melancholie«, daß die Feen als Kenner der Erdkräfte nur reiche Erzgänge ausbeuteten, die sie bisweilen braven Bergleuten zeigen würden.

Wer war Artus wirklich Was wissen wir über den historischen Artus – außer daß er sicherlich kein König war?

Höchstwahrscheinlich ist er um 470 in eine Familie von Kelten geboren worden, die sich den Lebensstil der Römer angeeignet hatte. Er dürfte ein äußerst begabter Heerführer gewesen sein, der Cadbury in Somerset als Ausgangsbasis für die Kämpfe gegen die Schotten, Pikten, irischen Piraten und Sachsen benutzte.

Cadbury ist eine erst 1967 freigelegte, gut ausgebaute Hügelbefestigung aus dem 5./6. Jahrhundert gewesen, eine Anhöhe, unter welcher der Volksüberlieferung zufolge Artus noch heute bis zu seiner Wiederkehr hinter goldenen Gitterstäben schlafen soll. Nach seinen zwölf erfolgreichen Schlachten gegen die Sachsen, deren letzte 490 am Mount Bardon (dessen Lage unbekannt ist) stattgefunden haben soll, hat er sich die Ruhe verdient.

Auf dem Höhepunkt von Artus' Macht zettelte sein Neffe Mordred einen Aufstand an, in dessen Folge es 540 zur Schlacht bei Comlan kam, bei der Artus wie Mordred tödlich verwundet wurden. Den sterbenden Artus brachte man nach Glastonbury, der Insel Avalon, wo sich druidische Weisheit mit keltischen Mysterien und früher christlicher Religion vereinigte.

Besonders unter Richard von Cornwall und Heinrich III. (1207–1272) wurde Artus zum keltischen Volkshelden stilisiert. Aber auch andere englische Herrscher bezogen sich auf Artus: Nach der Schlacht bei Hastings (1066) ließ Wilhelm der Eroberer einen runden Eichentisch bauen, den er als den Tisch der Tafelrunde ausgab. August von Frankreich (1180–1223), der über die britischen Herzogtümer Bretagne und Normandie herrschte, berief sich immer wieder auf Artus und die keltische Tradition, desgleichen Heinrich III. und besonders dessen Sohn Eduard I., der die angeblichen Gebeine von Artus 1278 feierlich in die Abtei von Glastonbury überführen ließ.

Man rief sich mit Artus gern die glorreiche Zeit Englands vor der Germanen- und Normannenherrschaft in Erinnerung und machte ihn zum Ziel der Hoffnung als einstiger und zukünftiger König (»the once and the future king«). Die Artus-Sage stellt das jüngste Zeugnis der keltischen Tradition dar. In der Beziehung von Merlin und Artus wird deutlich, wie bei den Kelten der Druide das Bewußtsein des Königs verkörperte und jener wiederum als Hand des Druiden fungierte. In der Fee Morgana, die mit ihren neun Schwestern die Herrin von Avalon ist, tritt uns eine Druidin entgegen, die allerdings im Gegensatz zur berühmten literarischen Druidin Velleda des französischen Schriftstellers F. R. Chateaubriand (1768 bis 1848) noch Spuren echten Keltentums auf sich vereinigt.

Auch die geheimnisvollen Jungfrauen, denen

die Artus-Ritter auf ihren Abenteuern begegnen, sind genauso wie die Feen im englischen Märchen ein Nachklang der Druidinnen.

Glastonbury, die Insel der Glückseligen

Für Glastonbury kann ich wärmstens den Führer der englischen Schriftstellerin Violet M. Firth empfehlen, die unter dem Pseudonym Dion Fortune veröffentlichte (siehe Literaturverzeichnis). Dion Fortune war die Gründerin der eng an die englische Theosophie angelehnten »Society of the Inner Light« und führte jahrelang ein Gästehaus für Pilger in Glastonbury. Wenngleich dieses Glastonbury-Buch schon 1934 unter dem bezeichnenden Titel »Avalon of the Heart« (Das Avalon des Herzens) erschien, hat es jedoch nichts an Aktualität eingebüßt.

Zentrum der New-Age-Bewegung Allerdings ist die Anzahl der Besucher Glastonburys seitdem in erheblichem Umfang gewachsen. Es zählt zu den sogenannten »In-Orten« Englands, wo man als Angehöriger bestimmter New-Age-Kreise einfach gewohnt haben muß und wo man eine größere Auswahl an esoterischen Geschäften findet als in jeder anderen englischen Stadt: Vom spirituellen Buchladen über schicke Naturmoden bis zum Kristalladen ist alles vertreten, was das Herz erfreut. Die Straßen werden von schönen Menschen, oft im Neo-Hippie-Stil gekleidet, bevölkert, und Glastonbury kann als das konkurrenzlose Zentrum der englischen New-Age-Bewegung gelten. Seit Jahren gibt es hier alljährlich im Frühjahr eine Art Neo-Hippie-Festival, ein kleines Woodstock, das jedoch – sehr

In den Ruinen der Abtei von Glastonbury hören manche noch heute den Gesang eines geheimnisvollen Chores

zur Erleichterung vieler Anwohner – 1991 zum erstenmal nicht stattfinden konnte.

Auf diesem heiligsten Boden Englands wurde zunächst eine steinzeitliche Muttergöttin verehrt, bis dann die keltischen Druiden Avalon zu ihrem Studienzentrum erkoren. Anschließend erfolgte die Gründung eines der größten Klöster Europas in den heutigen Abbey Grounds, in dem permanent ein Chor gesungen haben soll, den Sensitive in den Ruinen noch zu hören glauben. In dieser Abtei soll der schwerverwundete Artus nach der Schlacht bei Comlan Aufnahme gefunden haben, um von seinen Verletzungen zu genesen. Seine Schwester, die Fee Morgana, habe Artus persönlich hierhergebracht, da auf Avalon die Äpfel wachsen, die alle Wunden und Krankheiten zu heilen vermögen. In den der Theosophie nahestehenden Kreisen Glastonburys nimmt man an, daß Morgana vom alten Geschlecht der Atlanter abstammte und deswegen im Wasserzauber bewandert war.

Ob sie, die in der Artus-Epik oft als sehr dunkel und schwarzmagisch beschrieben wird, mit dem Chalice Well (dem Gralsbecher-Brunnen) und der steinzeitlichen Muttergöttin in Verbindung zu bringen ist, kann man nur vermuten. Auf jeden Fall, so wurde es einigen medial veranlagten Menschen in Glastonbury eingegeben, soll Merlin an ihr das Experiment gewagt haben, die alte Rasse der Atlanter mit der neuen der Kelten zu verbinden, um einem Strom archaischer Weisheit den Weg zu bereiten. – Das Avalon des Herzens regt zu vielen Bildern an, die in Glastonbury leicht hochsteigen.

Glastonbury war früher eine im Marschland gelegene Inselgruppe, die hauptsächlich aus dem Glastonbury Tor, dem Chalice Hill und dem Wearyall Hill bestand. Hier herrschte die Anderswelt der Kelten, bevor die Mönche der Abtei das Feuchtgebiet entwässerten und es im Mittelalter trockenlegten. Joseph von Arimathia, der den Gral mitbrachte, kam mit dem Schiff zum Wearyall Hill und ging hier an Land, da er den Glastonbury Tor sah, der dem Berg Tabor in seiner Heimat Judäa ähnelte.

Wer vier bis fünf Stunden Zeit hat, sollte den sich um den Hügel herumwindenden Pilgerpfad zum Tor hinaufsteigen, von dem Archäologen annehmen, daß er schon im fünften vorchristlichen Jahrhundert angelegt worden ist. Bei der Umrundung des Tors höher und höher hinauf auf diesen Spiralen kann man deutlich eine männliche und eine weibliche Seite feststellen.

Dieser uralte Weg soll die Erdschlange, also die Erdenergien symbolisieren, die sich auf ihm beinahe körperlich empfinden lassen. Der Weg ist selbst zur Touristenzeit wenig begangen, da der »Bewußtseins-Tourist« in Glastonbury den schnellen Aufstieg liebt. Immerhin warten hier noch so viele andere »Bewußtseins-Kicks«, daß nirgendwo ein längeres Verweilen geboten scheint.

Die Erdkräfte auf diesem Weg sind auf jeden Fall enorm, was vielleicht daran liegt, daß der Tor nicht nur auf der Haupt-Kraftlinie Englands liegt – zusammen mit Saint Michael's Mount, Stonehenge und Avebury –, sondern zugleich auch auf einer Kraftlinie, die sich wie eine Lemniskate, wie eine liegende Acht, das Symbol der Unendlichkeit, um die ganze Erde ziehen soll.

Oben auf dem Tor befand sich für die Kelten der Eingang zur Anderswelt, über die jener keltische Gott regiert, den man später zum Zauber- und Feenkönig machte.

Viele Bewohner Glastonburys sind völlig davon überzeugt, daß Jesus schon als junger Mann mit cornischen Zinnhändlern nach Glastonbury gekommen sei, um sich mit den Druiden auszutauschen.

Wie dem auch sei – drei Schichten unserer inneren und äußeren Geschichte treffen in Avalon aufeinander:

Erstens: das Urheidnische in Form der kosmi-

Muttergöttin, Druiden und Christen

schen Muttergöttin, die in der Steinzeit hier verehrt wurde und die unserer Anima, unserem weiblichen Aspekt, als fruchtbare und furchtbare Mutter im Sinne Carl Gustav Jungs entspricht. Die Fee Morgana ist hier heimisch.

Zweitens: die keltische Kultur, die Avalon als Anderswelt sah und dort eine der berühmtesten Druiden-Akademien gründete. Aus dieser Ebene stammen die keltischen Heiligen und Märchenwesen, die man zuhauf in Avalon ansiedelte. Das ist die Schicht der kreativen Phantasie in uns, wo das kollektive Unbewußte all die Märchenwesen, Feen und andere kreative Bilder angesiedelt hat, aus denen wir noch heute unsere Inspirationen beziehen. Dieses Reich war die Domäne der Kelten, von denen man sagt, daß ihnen eine gute Fabel mehr galt als die Wirklichkeit.

Drittens: die dritte Ebene ist die christliche, die in enger Verbindung mit Joseph von Arimathia und dem Gral steht. Materieller Ausdruck dieser Ebene ist neben dem Kloster die alte Kapelle, die man auf dem Tor errichtete und die Sankt Michael, dem siegreichen Bezwinger der Heiden, gewidmet war. Eine derartige Anmaßung ließen

Das Ende der Abtei

sich die alten Erdkräfte nun doch nicht gefallen, und sie wehrten sich, indem sie das Gebäude bei einem mittelalterlichen Erdbeben einstürzen ließen. Nur der Turm blieb verschont, der heute den Tor schon von weitem anzeigt. Dieser Turm diente später als Richtstätte: 1539 wurde der letzte Abt Glastonburys von den Schergen Heinrichs VIII. hier öffentlich gehängt. Damit fand die Geschichte eines der größten Klöster der Alten Welt ihr Ende. Die reiche Benediktinerabtei hatte dem Ansturm der Sachsen und Dänen standgehalten, aber die »Dissolution«, die Auflösung kirchlichen Besitzes unter Heinrich VIII., ließ bis auf die Klosterküche keinen Stein mehr auf dem anderen. Selbst die Bücher der riesigen Bibliothek wurden zum Ausfüllen von Schlaglöchern in den Straßen und Wegen verwendet.

In diesem vielschichtigen Avalon siedelt die Volksüberlieferung Merlin an und bettet König Artus und Ginevra fünfzehn Meter von der Südtür der alten Marienkapelle der Abtei zur letzten Ruhe. Und wirklich fanden die Mönche hier im 12. Jahrhundert die Skelette eines überaus großen Mannes und einer Frau mit unverkennbar blondem Haar. Die hellhaarige Ginevra soll als Strafe für ihren Ehebruch zu Artus Füßen beerdigt worden sein. Das Grab von Artus und Ginevra enthielt ein Bleikreuz mit folgender Aufschrift: »hic iacet sepultus inclytus rex arturius in insula avalonia« (Hier auf der Insel Avalon liegt der berühmte König Artus begraben). Dieses Kruzifix gilt seit dem 17. Jahrhundert als verschollen.

Das Grab von Artus und Ginevra

Ab 1191 hatten die Mönche der Abtei auf Veranlassung Heinrichs II. begonnen, das Artus-Grab zu suchen. Diese Maßnahme sollte zur Beruhigung der aufmüpfigen Waliser dienen, die sich zusammenrotteten in dem Glauben, daß Artus gar nicht tot, sondern wieder aus Avalon zurückgekehrt sei, um Wales zu befreien. Das Grab machte man angesichts dieses bedrohlichen Aspekts schnell ausfindig, Artus und Ginevra wurden feierlichst umgebettet. Heute weist eine schlichte Tafel auf die Stelle des neuen Artus-Grabes hin, dessen Ausstrahlung ich noch etwas weniger als gering erachte. Allerdings halte ich die

1 Mannington Hall mit Wassergraben
2 Das weiße Pferd von Westbury
3 Stonehenge
4 Ruinen der Abtei von Glastonbury
5 Das in den Felsen geritzte Labyrinth von Tintagel
6 Das Postamt von Tintagel, heute Museum
7 Cumbria, Lake District (© Richard Keelham)
8 Sonnenuntergang an der Westküste (© Klausbernd Vollmar)
9 Tintagel, Blick auf den Atlantik
10 Türklopfer in der Gestalt des Sonnengottes an der Kathedrale von Durham
11 Moderne Statue des heiligen Cuthbert, im Hintergrund der gotische Kreuzgang (Durham Cathedral)
12 Lindisfarne Castle
13 Lanyon Quoit, ein Galeriegrab in Cornwall

Abbildung 1

Abbildung 2

Abbildung 3

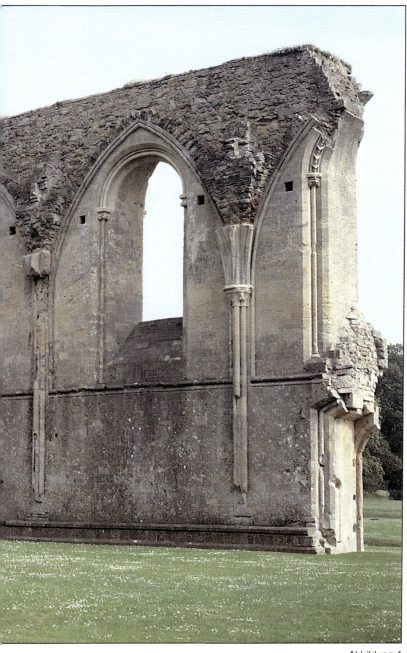

Abbildung 4

Abbildung 5

Abbildung 6

Abbildung 7

Abbildung 8

Abbildung 9

Abbildung 10

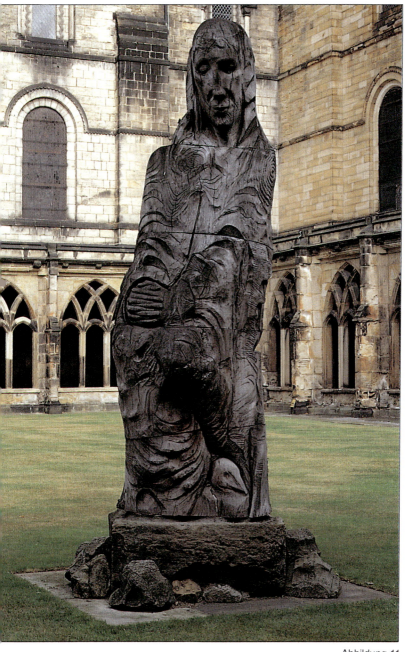

Abbildung 11

Abbildung 12

Abbildung 13

Abbildung 14

Abbildung 15

Abbildung 16

Abbildung 17

Abbildung 18

Abbildung 19

Abbildung 20

Abbildung 21

Abbildung 22

Abbildung 23

Abbildung 24

Abbildung 25

Abbildung 26

Abbildung 27

14 Ruine von Tintagel
15 Landschaft in Northumberland
16 – 19 Cornische Impressionen
20 Der Lochstein Men-an-Tol in Cornwall
21 Keltisches Steinkreuz in der Kathedrale von Durham
22 Friedhof von Cerne Abbas
23 Die Kathedrale von Salisbury in Wiltshire
24 Einzelner Stein aus dem Castlerigg-Steinkreis
25 Abbott's Porch im Kloster von Cerne Abbas
26 Tudorbogen in Cerne Abbas/Dorset
27 Die heilige Insel Lindisfarne und die Burg

Abbey Grounds, einen großen Park, in dem die Ruinen der alten Abtei mit einer Ansammlung schönster Bäume eine ideale Verbindung eingehen, für sehr naturmagisch. Trotz der nach ästhetischen Gesichtspunkten gestalteten Natur und Tausender Menschen aus aller Welt sind die Vögel und eisgrauen Eichhörnchen hier äußerst zutraulich, und die mächtigen Bäume wie auch die malerischen Ruinen strahlen eine Ruhe aus, die Besucher immer wieder veranlaßt, zu meditieren, sich Tai'Chi und Yoga unter freiem Himmel zu widmen. Das – vermeintliche – Artus-Grab liegt also in einem schönen, weitläufigen Park, der Anziehungspunkt für Pilger von überall her ist

Hier soll König Artus begraben liegen

und in dem es der Natur noch so gutgeht, daß sie selbst den Massentourismus verkraftet.

Von hier hat man es nicht weit zum Chalice Well, einem Brunnen, in dem der Gral versteckt wurde, um ihn nicht in fremde Hände fallen zu lassen. Der Chalice Well oder die Blutsquelle, wie er wegen seines roten, eisenhaltigen Wassers genannt wird, wird von einem schönen Garten umrahmt, in dem es ebenso von Menschen wimmelt wie in Abbey Grounds und am Tor. **Wo der Gral verborgen liegt**

Dieses uralte druidische Quellheiligtum soll den Gral bergen, nach dem die Ritter der Tafelrunde, von Galahad und Parzival angestiftet, zu suchen begannen. Ob die Ritter je hierhergelangten, bleibt ungewiß. Allerdings soll Artus bei seinem Besuch Glastonburys den Brunnen aufgesucht haben. Der König von Somerland, Melwas, hatte die schöne Ginevra entführt und sie am Tor gefangengehalten, um ihre Reize zu genießen und zugleich ein hohes Lösegeld zu kassieren. Der heilige Gildas, der angeblich Artus persönlich kannte, bot sich als Unterhändler in dieser pikanten Angelegenheit an und lud Artus nach Glastonbury ein, um mit Melwas zu verhandeln. Artus ging darauf ein, Ginevra wurde durch kluge Taktik von Sankt Gildas befreit, und Artus und Melwas versöhnten sich in der Marienkapelle. Natürlich fühlten sich die beiden Herrscher zu großen Schenkungen an die Abtei verpflichtet. Bei dieser Gelegenheit soll Artus am Chalice Well gewesen sein. Ob er wie die heutigen Touristen einen Schluck des etwas herb schmeckenden Wassers genossen hat, wird man sicherlich nie herausbekommen – und genausowenig, ob diese Geschichte in der äußeren oder inneren Realität spielte.

In Glastonbury finden Sie auf einem Gebiet von fünfundzwanzig Kilometer Durchmesser megalithische Steine, einen vorgeschichtlichen Weg zum Glastonbury Tor hinauf, angeblich einen Landschaftstierkreis, dessen Sternzeichensymbole von der Natur gebildet werden (was ich schlecht nachvollziehen konnte), den Chalice Well, der quadratisch wie der heilige Brunnen von Chartres ist und Steinfügungen wie jene der ägyptischen Pyramiden aufweist. Der englische Geomant Robert Coon bezeichnet Glastonbury als das Herz-Chakra der Erde und vergleicht seine Bedeutung mit der des tibetischen Berges Kailash und des südamerikanischen Titicacasees.

Heilige Stätten der Christen – Kirchen, Klöster und heilige Brunnen

Wie alles begann

Ist vom frühen Christentum in England die Rede, denkt man sogleich an die keltischen Heiligen, von denen Alban, Aidan und Cuthbert eine besondere Rolle spielten. Die keltische Religion hatte zur Zeit der Römer in England einen Annäherungsprozeß an das Christentum durchlaufen, so daß sich einige der späten keltischen Heiligen zu frühen christlichen Heiligen wandelten.

Einer dieser heiligen Männer, die zur christlichen Glaubenslehre »konvertierten«, ist Alban, der als der erste englische Märtyrer gilt. Er war ein romanisierter Brite, der während der Christenverfolgungen unter Diokletian einen christlichen Priester versteckt hatte und von diesem bekehrt wurde. Alban wurde für diese Tat enthauptet. Dort, wo die heutige Abtei von Saint Alban's steht, soll er im Jahre 209 n. Chr. den Märtyrertod erlitten haben. Bei seiner Hinrichtung, so sagen die Legenden, seien viele – nicht weiter beschriebene – Zeichen am Himmel erschienen.

Märtyrer und Missionare

Nachdem es von 300 bis 600 n. Chr. um die Christen in England sehr ruhig geworden war, da die römisch-keltische Kirche durch angelsächsische Einfälle völlig verdrängt wurde, setzte im

Bamburgh Castle, das Schloß von König Oswald dem Heiligen

7. Jahrhundert eine christliche Missionierungswelle von Irland aus ein. Einer der hervorragenden Missionare Nordenglands war Aidan, der 651 in Northumberland starb. Er kam von Irland zur schottischen Klosterinsel Iona, von wo er nach Lindisfarne (Holy Island/Northumberland) gesandt wurde und dort als Bischof das Kloster gründete. Von hier begann er zunächst Northumberland und dann ganz Nordengland zu christianisieren. Hierbei kam ihm gewiß zugute, daß er sich auf die Unterstützung des später heiliggesprochenen Königs Oswald (605–642) berufen konnte. Auch nach Oswalds Tod setzte Aidan sein Werk unbeirrt fort und regelte seine Nachfolge, indem er dem heiligen Cuthbert (634–687) eine Vision sandte.

Cuthbert war damals noch ein Schäfer, als er Aidan zum Himmel auffahren sah. Das hat ihn derart bewegt, daß er beschloß, künftig ein Mönchsdasein zu führen. Er wurde Mitglied des Klosters von Melrose in Schottland und verließ dieses wieder als Abt, um Vorsteher und Bischof von Lindisfarne zu werden. Als er spürte, daß sein Ende nahte, beschloß er, ein Einsiedlerdasein zu führen, zog sich auf die innere Farne-Insel zurück und starb dort bald darauf.

Zu seinen Lebzeiten soll Cuthbert in Northumberland viele Wunder vollbracht haben, was ihm bei den Mönchen und der übrigen Bevölkerung zu hohem Ansehen verhalf. Besonders beeindruckte er seine Zeitgenossen durch seine Liebe zur Natur und speziell zu den Vögeln, die den Vergleich mit Franz von Assisi nahelegt. **Ein großer Heiliger**

Nach seinem Tod wurde Cuthbert zunächst in Lindisfarne zur letzten Ruhe gebettet. Nachdem jedoch Lindisfarne durch Wikingerüberfälle starke Zerstörungen hinnehmen mußte, äußerte der Geist des Heiligen gegenüber seinen ehemaligen Mönchen den Wunsch, woanders beerdigt werden zu wollen. Die Fratres wanderten einige Zeit mit der Leiche von Cuthbert ziellos in Northumberland umher, bis der Heilige ihnen mitteilte, daß er in Durham beigesetzt werden möchte. Über dieser endgültigen Ruhestätte von Sankt Cuthbert wurde die Kathedrale von Durham errichtet. 1827 fand man tatsächlich neben einem mittelalterlichen Schrein Gebeine, die möglicherweise diejenigen des Heiligen sind.

In der Kathedrale von Durham liegt einem das Grab von Cuthbert zu Füßen. Wenn man darauf steht, soll es – jedenfalls für Christen – der am stärksten aufgeladene Ort Englands sein.

Holy Island (Lindisfarne)
Lindisfarne läßt sich mit dem Auto über eine Teerstraße alle fünf Stunden für einen Aufenthalt

von etwa drei Stunden erreichen, was mit den Gezeiten des Meeres zusammenhängt. Innerhalb dieser drei Stunden verliert Lindisfarne allerdings seine Ausstrahlung wegen der Touristenmassen, während es zu den anderen Zeiten ein ruhiger, angenehmer Ort ist, dessen Reiz die Ruinen des Klosters und der Burg ausmachen. Auf der Insel gibt es einen schönen kleinen, hauptsächlich von Fischern benutzten Hafen. Von hier aus kann man bei gutem Wetter König Oswalds ehemalige Burg Bamburgh und eine kleine Nachbarinsel sehen, auf der zwei obeliskartige hohe Seezeichen stehen, die dem Eiland eine geheimnisvolle Atmosphäre geben.

Ein schöner Weg verläuft vom Hafen zur Burg Lindisfarne und um den Burgberg herum. Lindisfarne ist weitgehend agrarisch genutzt und bis auf die kleine Ansiedlung nahe der Klosterruine sehr friedlich. Der Pfad führt vom Ort weg, an den charakteristischen nordenglischen Steinwällen vorbei, welche die Äcker abgrenzen. Immer sieht man die Burg wie ein Märchenschloß vor sich und blickt zur Linken über das Meer auf die nahe Küste von Northumberland. Hier ist das Land der Möwen und des Windes.

Viel faszinierender als die kirchlichen Gebäude auf der Insel finde ich Lindisfarne Castle, ein kleines Schloß aus dem 16. Jahrhundert, das auf einem fast kegelförmigen Basaltblock steht, der aus seiner flachen Umgebung aufragt. Das Schloß wirkt wie die Verlängerung der Bergspitze und macht den Eindruck einer idealen mittelalterlichen Wohnburg.

Lindisfarne Castle prägt die Landschaft als ein Zeichen, das nicht nur auf der ganzen Insel leicht erkannt werden kann, sondern auch vom Meer und Festland her.

Am Fuß des Schloßbergs ist ein kleiner ummauerter Garten angelegt, für mich ein Kleinod moderner englischer Gärten schlechthin. Er wurde 1906 bis 1912 von der englischen Gartenarchitektin Gertrude Jekyll entworfen und gestaltet. Hier ist nach meinem Dafürhalten der Ort für die Meditation auf die Naturkräfte von Holy Island, die schon den heiligen Cuthbert so sehr beeindruckten. Der viele Salbei unterstützt die reinigende Wirkung dieses ummauerten Gartens. Er hat etwas von einem »Miniparadies« an sich und ist, wie Geoffrey Chaucer in seinen »Canterbury Tales« sagt, der ideale Ort der Liebe. Er stellt einen Platz der Zuflucht und Heimlichkeit dar, der Gelegenheit zu schöner Intimität bietet. Davon handelt auch das Hohelied, die Liebespoesie des Alten Testaments. Der Liebesgarten ist das erträumte irdische Paradies, in das man vor den Schlägen flüchtet, die in der Außenwelt auf einen niederprasseln.

Der ideale Ort der Liebe

In dem kleinen umfriedeten Garten wird das Erlebnis des geordneten, abgegrenzten Raums vermittelt, was dem Religionstheoretiker Mircea Eliade zufolge schon als ein primäres religiöses Erlebnis gilt. Der Garten von Lindisfarne Castle ist ein Werk exemplarischer Weltschöpfung, in dem das gefährdete Leben in der Ordnung der ewigen Kreisläufe der Natur geheiligt wird. So spricht die analytische Psychologie C. G. Jungs vom Garten als einem Symbol der Individuation. Spüren Sie, wie Ihnen hier Frieden und die Einheit mit sich selbst zuteil wird?

Gehen Sie auf Holy Island auch einmal an den Strand, wo Sie die spitzen Muscheln finden, aus denen die Mönche ihre ersten Rosenkränze anfertigten. Außerdem können Sie dort die umgedrehten alten Boote betrachten, die hier als Schuppen benutzt werden – eine Sitte der Fischer Northumberlands, die fast nur noch auf Holy Island gepflegt wird.

Ausgangspunkt des Christentums Mit den Anfängen des Christentums in England ist Lindisfarne eng verbunden. Von hier und Iona in Schottland ging die Missionierung ganz Englands aus. Besonders die esoterischen Christen beziehen sich gern auf Lindisfarne, weswegen David Spangler seine an Findhorn ausgerichtete Organisation in den USA auch Lindisfarne-Gesellschaft nennt.

Das, was heute von den Klostermauern übriggeblieben ist, stammt aus dem 12. Jahrhundert, als die Mönche von Durham auf den Ruinen der alten Anlage eine neue Abtei gründeten. Besonders an den abgebrochenen Pfeilern der Kirchenruine läßt sich die architektonische Verwandtschaft zur Kathedrale von Durham leicht erkennen. In beiden Fällen weisen die Pfeiler typische geometrische Verzierungen auf, die sie breiter erscheinen lassen.

Die Abtei aus dem 12. Jahrhundert wurde während der Auflösung der Klöster unter Heinrich VIII. zerstört und das Blei ihrer Dachbedeckung geraubt. Das Schiff, das dieses Blei zum Festland transportieren sollte, sank.

Die ursprüngliche Abtei, von der aus Aidan und Cuthbert wirkten, wurde nach dem Tod des heiligen Cuthbert von den Wikingern im 9. Jahr-

In der Abtei von Lindisfarne wirkten die Heiligen Aidan und Cuthbert

hundert wiederholt geplündert und zerstört. Die Mönche verließen die Insel und konnten einzig die illuminierte Handschrift der »Lindisfarne Gospel« retten, eine Abschrift der Evangelien zu Ehren von Sankt Cuthbert. Die Originalhandschrift ist heute im Britischen Museum zu London zu bewundern, eine Kopie von ihr finden Sie in der Gemeindekirche von Lindisfarne ausgestellt.

Als die damaligen Mönche Lindisfarne aufgaben, nahmen sie auch Cuthberts Sarg mit, wobei sie zu ihrer Verwunderung feststellten, daß der Leichnam des Heiligen keinerlei Verwesungszeichen aufwies. (Bei der Öffnung des Sarges im Jahre 1827 fand man allerdings nur noch ein in Seide gehülltes Skelett vor.) Mit diesem Sarg gelangten die Mönche schließlich nach Durham, wo ihnen der Heilige kundtat, hier für seine letzte

Statue des heiligen Aidan vor der Abtei von Lindisfarne

Ruhestätte zu sorgen. Der Sarg soll, wie die Legende berichtet, plötzlich so schwer geworden sein, daß die Mönche unfähig gewesen seien, ihn zu bewegen. Viele Wunder seien auf der Reise des toten Heiligen von Lindisfarne nach Durham geschehen, und noch heute pilgert eine große Schar von Touristen alljährlich von Lindisfarne nach Durham, unter anderem in der Hoffnung, von Krankheiten und anderem Unglück geheilt zu werden.

Heiliges Wasser

»Die frühesten geweihten Stätten waren wahrscheinlich Wasserquellen. Für ein Agrar- oder Nomadenvolk ist die Entdeckung einer nicht versiegenden Wasserquelle von äußerster Wichtigkeit. Wenn eine solche Quelle einmal entdeckt worden ist, muß sie energetisch vor Verschmutzung, Unzulänglichkeiten oder dem Austrocknen bewahrt werden«, schreibt der englische Geomant Nigel Pennick.

Bis weit ins Mittelalter hinein fand die Energie der Quellen Berücksichtigung, indem nicht nur megalithische Steine, sondern selbst christliche Kirchen auf unterirdische Wasseradern – die blinden Quellen – gesetzt wurden. Heute erscheinen die Getreidekreise in Wessex meistens in der Nähe solcher Quellen.

Kraft aus den Quellen

Als Brunnen waren die heiligen Quellen noch bis ins 19. Jahrhundert hinein im täglichen Gebrauch. Am Brunnen von Saint Gulval in Cornwall soll im 18. Jahrhundert eine heilige Frau gelebt haben. Sie trank nach Aufforderung von dem Wasser der heiligen Quelle, wie es heute noch die Besucher vom Chalice Well bei Glastonbury und Walsingham in Norfolk zu tun pflegen, und verkündete daraufhin ihren Orakelspruch. Diese heilige Frau von Saint Gulval war sicherlich die letzte Überlebende der Brunnenorakel Englands. Sehr berühmt wurde ihre Vorgängerin Ursula Sonteil, die im 16. Jahrhundert als Mutter Shipton erstaunliche Voraussagen über moderne Verkehrsmittel und die heutige Zeit machte.

Der mondäne Ort Bath, der ein prachtvolles Zeugnis georgianischer Architektur repräsentiert, verdankt seinen Aufstieg und Ruhm dem heiligen Brunnen der Sul, einer keltischen Sonnengöttin, in deren Tempel ein ewiges Feuer brannte. Heute finden wir gleich neben der Kathedrale das Pumpenhaus (»pump room«), in dem das mineralhaltige, heiße Wasser dieser alten Quelle hochgefördert wird, um Rheuma- und Gichtkranken zu helfen. Die Quelle wurde schon von den Römern als Bad benutzt und später als heiliges Wasser von den Christen vereinnahmt.

Saint Augustine's Well
Ein besonders schöner Brunnen ist jener des heiligen Augustin auf dem Friedhof von Cerne Abbas in der Grafschaft Dorset. Augustin von Canterbury wurde 596 von Papst Gregor dem Großen zu Missionierungszwecken nach Britannien gesandt. Als er in Dorset umherreiste, begegnete er der Legende zufolge einem Schäfer. Diesen fragte er, ob er lieber Wasser oder Bier trinke. Der Schäfer entschied sich für Wasser, woraufhin Augustin seinen Wanderstab auf den Boden stieß und dort sogleich eine Quelle entsprang. Augustin rief »Cerno El« aus, was »Ich sehe Gott« bedeutet, und so kam das heutige Cerne Abbas zu seinem Namen.

Der heiltätige »Silberbrunnen«

Die Historie überliefert uns, daß der heilige Eduard – ein Mitglied der königlichen Familie – eine Vision hatte, die ihn aufforderte, den »Silberbrunnen« zu suchen. Als er nach Cerne Abbas in Dorset kam, gab er einem Schäfer eine Silbermünze für Brot und Wasser, worauf ihm dieser eine Quelle zeigte, die Eduard als den »Silberbrunnen« seiner Vision wiedererkannte. Eduard baute an dieser Quelle eine kleine Einsiedelei, in der er bis 871 lebte.

Dem Volksglauben nach gilt Saint Augustine's Well als ein Orakel-, Heil- und Wunscherfüllungs-Brunnen. Das Wasser der Sankt-Augustin-Quelle soll besonders Augenleiden heilen und schwangeren Frauen guttun. Frauen, die das Wasser des Brunnens trinken, weil sie sich ein Kind wünschen, werden bald schwanger. Sie müssen allerdings während des Trinkens mit einer Hand den Wunschstein berühren.

Den Wunschstein können Sie daran erkennen, daß er links vom Wasserbecken steht und auf ihm das Rad der heiligen Katharina eingemeißelt ist. Jeder heilige Brunnen war mit solch einem Wunschstein versehen, da das Gewünschte nur dann in Erfüllung geht, wenn man eine Hand (vorzüglich die linke) auf den Stein legt.

Der Stein, der Wünsche erfüllt

Der Volksglaube sagt, daß man sich am Sankt-Augustin-Brunnen etwas wünschen, daraufhin eine Schale aus den Blättern des Lorbeers falten und dann mit dem Gesicht nach Süden und der linken Hand am Wunschstein (im Norden) seinen Wunsch laut aussprechen soll. Der Wunsch wird erfüllt.

Saint Augustine's Well ist einer der wenigen heiligen Brunnen in Dorset, er wurde ursprünglich von zwölf Linden umgeben, welche die zwölf Apostel symbolisierten. Heute stehen an dieser sehr schönen Stelle neun große Buchen, und der Lorbeer ist auch verschwunden.

Der in keinem mir bekannten Reiseführer erwähnte Brunnen verkörpert einen klassisch-schönen Ort: hohe Bäume, die sehenswerte Einfassung des Brunnenbeckens, eine Bank und prächtige Blumen. Man muß allerdings nach ihm suchen, da er in einer Quellmulde auf der abgeschiedenen Südseite des Friedhofs liegt.

Bis in die vierziger Jahre spendete die Quelle des heiligen Augustin das Wasser für die Häuser in der Abbey Street von Cerne Abbas, die als eine der ältesten Straßen Englands gilt. In ihr steht ein Haus, das für seine Geister bekannt ist (das langgezogene Fachwerkhaus, schräg gegenüber der Kirche).

In Upway/Dorset (zwischen Dorchester und Weymouth) liegt ein ähnlicher Wunschbrunnen nahe der Kirche. Hier soll man einen Schluck Wasser trinken und den Rest rückwärts gewandt wieder in den Brunnen gießen. Dann vergegenwärtigt man sich nochmals seinen Wunsch und berührt dabei den Wunschstein.

Keltische Kreuze

Für die Suche nach keltischen Kreuzen begibt man sich am besten nach Cornwall, das eine große Anzahl von ihnen vorzuweisen hat.

Das keltische Kreuz unterscheidet sich von den anderen Kreuzen durch die Form seiner Balken und den Kreis in seiner Mitte. Kreuz und Kreis sind vorchristliche Symbole, die aus keltischer Weltanschauung Gott und die Erde miteinander verbinden. Später wurde daraus die Vereinigung des Körpers mit der Sonne, wobei jene das innere Licht des Geistes versinnbildlicht.

Diese keltischen Steinkreuze wurden häufig an Plätzen mit besonders hoher Erdenergie aufgestellt. Man versuchte vermutlich ursprünglich, mit den Steinen die Kräfte der Erde zu harmonisieren. In der christlichen Tradition dienten sie als Grabsteine und Mahnmale bis in die heutige Zeit. Jeder englische Friedhof verfügt über mindestens einen Stein in Form des keltischen Kreuzes. Zumeist steht eines gleich am Friedhofseingang. Al-

Heilige Stätten der Christen – Kirchen, Klöster und heilige Brunnen

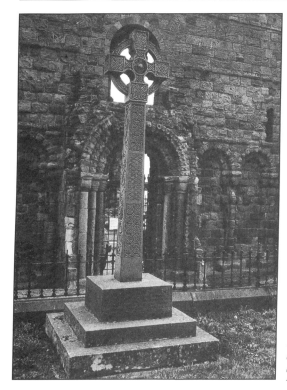

Ein keltisches Kreuz aus dem 19. Jahrhundert in Lindisfarne

lerdings sind die Steine keineswegs immer alt. Viele stammen aus dem 19. Jahrhundert, als das keltische Kreuz ein beliebtes Symbol darstellte.

Ein typisches altes keltisches Kreuz steht ganz unbeachtet an der Straße von Penzance nach Madron in Cornwall. Wenn Sie Men-an-Tol und Lanyon Quoit (siehe Seite 46 bzw. 48 ff.) besuchen, kommen Sie fast daran vorbei. (Sie fahren von Penzance in Richtung Morvah und biegen in Madron nach Osten auf eine kleine Sackgasse ab, mit Kreuz auf der rechten Seite.) Der hellgraue Stein

ist vom Regen völlig verwaschen und weist an seiner Ostseite ein Kreuz mit einem Loch im Mittelpunkt auf, an der Westseite eines ohne Loch.

Das Kreuz scheint stark eisenhaltig zu sein, da direkt auf ihm mein Kompaß eine Abweichung von 32 Grad West anzeigte. Bei anderen gleichen Steinen der Umgebung konnte ich eine derartige Divergenz allerdings nicht feststellen.

An diesem sehr einsam auf einer Heidefläche stehenden Kreuz kommen besondere Energiephänomene zum Tragen, die mich anzogen und dort tief entspannt meditieren ließen. Bei anderen keltischen Kreuzen spürte ich das nicht in dem Maße, was einerseits an ihrer Umgebung und andererseits wohl auch daran lag, daß sie nicht an derart aufgeladenen Plätzen wie der Hochebene von Land's End stehen. Hier finden Sie im Verhältnis zur Gebietsgröße die meisten megalithischen Steine ganz Europas. Bei diesem Kreuz soll es auch einen heiligen Brunnen geben, den ich jedoch trotz eines uralten verfallenen Hinweisschildes und einigem Suchen nicht finden konnte.

Ein besonders schön verziertes keltisches Kreuz birgt im Ostschiff der Kathedrale von Durham die Kapelle der neun Altäre. Es stand ursprünglich in Nesham Abbey.

Culbone und die Romantiker

Neben Glastonbury und Walsingham gilt Culbone in der Grafschaft Somerset als ein heiliger Platz der Christen in England. Viele Esoteriker unter ihnen glauben sogar, daß die heilige Kraft vom »überpilgerten« Glastonbury zum verschla-

Links:
Blick durch ein Fenster der Abteiruinen von Lindisfarne auf ein echtes keltisches Kreuz

Bei diesem einsam gelegenen alten Kreuz in der Nähe von Madron kann man seltsame Energiephänomene spüren

fenen, abseits gelegenen Culbone ausgewandert sei.

Der kleine Ort liegt in der Nordostecke des Exmoor Forest auf einer Klippe über dem Meer. Man kann Culbone nur zu Fuß erreichen – wobei die Mühe mit phantastischen Blicken über das Meer und die Küste belohnt wird –, oder man nimmt einen anderen Weg durch einen wild verwachsenen Märchenwald dorthin.

Der alte Name von Culbone war »Kitnor«, und man rätselt noch heute über die Herkunft dieses Wortes. Die Bezeichnung »Culbone« verweist auf eine heilige Stätte der Kelten und meint »Kirche von Sankt Beuno«. Der Heilige war nach mittelalterlicher Überlieferung im 6. Jahrhundert ein erfolgreicher Missionar, der viele Kirchen und Klöster gegründet hat. Man weiß über ihn nichts Näheres – außer daß die heilige Winifred seine Nichte gewesen sein soll und er um 620 starb.

Culbone wurde dem englischen Medium Joan Cooper zufolge, die lange dort lebte, etwa 9000 v. Chr. nach dem Untergang von Atlantis zu einem Naturtempel gemacht, indem es »mit Licht imprägniert worden ist«. In vorgeschichtlicher Zeit sollen immer wieder große Lehrer der Menschheit nach Culbone gekommen sein, um die hier vorhandenen Energien zu intensivieren. So wurde über die Jahrtausende Culbone zu einem Ort des Friedens, der einem hilft, auf seine innere Stimme zu hören. Nach Joan Cooper sind der Friede und die innere Ruhe als Schwingung in der geologischen Situation von Culbone verankert. Joan Cooper nimmt zusammen mit vielen anderen zeitgenössischen englischen Medien an, daß Jesus Christus im Jahre 25, als er mit Joseph von Arimathia Glastonbury besuchte, selbst in Culbone gewesen ist, um hier die Schwingung des Mitgefühls und des freudigen Gebens zu verstärken. Als Joseph von Arimanthia an Land ging, soll er in Culbone mit seinem Stab auf die Erde geschlagen haben, worauf eine Quelle entsprang.

Ein Ort der inneren Ruhe

Die christliche Schwingung dieses Ortes erfuhr 430 n. Chr. eine nochmalige Steigerung, als sieben Mönche, die der keltischen Klostertradition aus Wales angehörten, sich in Culbone ansiedelten. Es soll auf das fromme Leben dieser Fratres zurückzuführen sein, daß sich die Schutzengel-Energie hier so deutlich bemerkbar macht. Die Mönche errichteten eine kleine Kirche, die nach ihrem Ableben zerfiel. Ein um 635 begonnener Bau mit

Verwendung von Teilen der vormaligen Kirche brannte 810 ab; dieser wurde von Benediktinermönchen hundert Jahre später vollendet, wobei sie auf viele der alten Steine zurückgriffen.

Die heutige Kirche ist die Nachfolgerin einer sächsischen Gründung, die auf etwa 1050 oder früher datiert wird. An der Nordseite der Kanzel sehen Sie ein zweiteiliges Fenster, das aus einem Sandsteinblock herausgeschnitten wurde und auf die sächsische Kirche oder gar früher zurückgeht. In diesem Fenster fällt das flache Relief eines Gesichtes auf. Achten Sie auch auf den Taufstein, der über achthundert Jahre alt ist und ebenfalls aus einem Stein gehauen wurde.

Die von einem Friedhof umgebene Kirche hat die unterschiedlichsten Menschen erlebt: Von 1265 bis 1751 war Culbone ein Verbannungsort für Straftäter, die hier vor allem im Mittelalter ohne Essen und Werkzeug ausgesetzt wurden. Seit 1544 fungierte es als Leprakolonie, wovon noch das »leper-window« (Leprakranken-Fenster) zeugt. Die Aussätzigen durften nämlich die Kirche nicht betreten, sondern mußten von draußen durch ein Fenster den Gottesdienst verfolgen. Dieses Fenster ist noch mit dem Originalglas erhalten. Es wird angenommen, daß die Leprakranken, die als Köhler im Wald von Culbone arbeiteten, das Glas hergestellt haben. Im 19. Jahrhundert galt Culbone als Versteck von Schmugglern und Seeräubern.

Neben Withypool ist Culbone ein weiterer Ort im Exmoor Forest, an dem sich fast alle alten Wege und Kraftlinien dieser Gegend treffen. Geht man den oberen Weg, der von Porlock an der A-39

Der erst 1940 entdeckte uralte Stein zeigt dem Wanderer die Richtung zur Kirche von Culbone im Exmoor Forest

herunter nach Culbone führt, trifft man auf den Culbone-Stein, ein frühmittelalterliches Monument, dessen Kreuz im Kreis genau auf die Kirche von Culbone deutet. Dieser erst 1940 entdeckte Block soll aus der Zeit des heiligen Beuno stammen und die Richtung zur Kirche von Culbone anzeigen. Ein Arm des Kreuzes ragt nämlich über den Kreis hinaus und weist so dem Wanderer den Weg.

Der Stein steht auf einer der höchsten Klippen Englands, die mit einem hundertfünfzig Jahre alten Pinienwald bewachsen ist. Da man wegen des Pinienwaldes das Meer nicht sehen kann, hat man allerdings nicht den Eindruck, sich auf einer Klippe zu befinden.

Die damaligen Landbesitzer pflegten familiäre Beziehungen zu Verwandten auf Sizilien und pflanzten diese sizilianischen Pinien hier an. Der Wald gedieh bestens und wurde zu einem Treffpunkt von Hasen und Rehen.

Oberhalb von der Kirche von Culbone liegt ein altes Steinkammer-Grab, das aus der Zeit von 1800 v. Chr. stammt. Außerdem gibt es hier einen Stein aus der Bronzezeit. Culbone ist ein besonderer Ort, der ebenso im Doomesday Book von 1068 genannt wird, wie er auch im letzten »Guinness-Buch der Rekorde« Erwähnung fand: Hier steht die kleinste Gemeindekirche Englands, in der gerade dreißig Menschen Platz finden. Es besticht durch seine Ruhe und seine dichte Vegetation, die in dieser wasserreichen Gegend üppig gedeiht. Die großen Bäume in Culbone strahlen eine heilsame Stärke aus.

*Links:
Die kleinste Gemeindekirche Englands in Culbone ist ein Ort heilsamer Stärke*

Der Ort selbst besteht nur aus drei Häusern bei der Kirche und einigen weiter entfernt gelegenen Einzelhöfen. Das größte Haus, eine umgebaute Wassermühle, wird als Refugium und Meditationszentrum genutzt. Etwas oberhalb neben dieser Mühle steht eine Hütte, in der sich der Wanderer selbst Tee zubereiten kann und Informationen über Culbone und den Culbone-Trust, eine Vereinigung, die lokal spirituelle Aktivitäten fördert, findet.

Für die englischen Dichter der Romantik wurde Culbone zu einer Stätte der Inspiration. Der englische Poet und Philosoph Samuel Taylor Coleridge (1772–1834) besuchte den Ort vom Sommer 1797 bis zum Frühjahr 1798. Während dieses Auf-

*Links:
Die Wassermühle von Culbone beherbergt heute ein Meditationszentrum*

enthalts schrieb er in der Küche eines Bauernhofs von Culbone sein berühmtes Gedicht »Kubla Khan«, das sich mit übernatürlichen Kräften und dem Sonnenmysterium befaßt. Zu dieser Zeit war Culbone eine kleine Ansiedlung mit etwa vierzig Einwohnern und sechs Häusern. Aber nicht nur durch Coleridge ist Culbone literarisch berühmt geworden, auch dessen engster Freund, der romantische Dichter William Wordsworth (1770 bis 1850), bereiste zur gleichen Zeit diese verlassene und menschenleere Region, in der gleichfalls Richard Doddridge Blackmores (1825–1900) Roman »Lorna Doone«, eine dramatische Liebesgeschichte mit Happy-End, spielt (deren gekürzte Version in jüngster Zeit zu einer Art klassischem Kultroman hochstilisiert wurde).

Stätte der Inspiration

Wenn Sie sich auf dem kleinen Friedhof von Culbone umschauen, werden Sie die Gräber der Familie Red bemerken, der die meisten Bewohner Culbones angehören. Im Dialekt der Einheimischen klingt »Red« wie »Ridd«: der Name des Helden in »Lorna Doone«.

Diese Gegend, deren Natur und Menschen die englischen Romantiker bewegte, zieht heute noch viele Wanderer an, die auf dem Somerset- und Norddevon-Küstenweg unterwegs sind und in Culbone eine besinnliche Rast einlegen. Coleridge und Wordsworth nahmen den gleichen Weg. Ihnen wurden in Culbone spirituelle Einsichten zuteil, die psychologisch sehr tief gingen, wie Coleridges »Kubla Khan« beweist – ein Gedicht, das der Autor selbst als »psychologische Kuriosität« bezeichnete.

Kathedralen und Klöster

Wenn man heute in England alte Klöster besuchen möchte, findet man oft nur noch Ruinen vor, die meist von einer Parkanlage umrahmt sind – eine Folge der »Dissolution«: Von 1536 bis 1540 ließ König Heinrich VIII. (1491–1547) während seiner Auseinandersetzungen mit dem Papst in Rom die englischen Klöster auflösen und zerstören.

Wenn der Papst Leo X. noch 1521 Heinrich VIII. als »einen Verteidiger des Glaubens« bezeichnete, da dieser die römische Kirche gegen die Angriffe des Reformators Martin Luther verteidigte, so gab es jedoch gleich darauf Schwierigkeiten: Der englische König wollte sich von seiner ersten Frau Katharina von Aragon scheiden lassen, um Anne Boleyn offiziell zu heiraten. 1533 kam es zur heimlichen Hochzeit mit der Bürgerlichen, da diese es ablehnte, die Geliebte des Herrschers zu werden. Um sich nicht der päpstlichen Gerichtsbarkeit auszusetzen, gründete Heinrich VIII. kurzerhand eine unabhängige Kirche und setzte sich selbst als deren Oberhaupt ein.

Kirchen und Klöster werden zu Ruinen

Damit begannen die Zerstörung und Auflösung allen kirchlichen Besitzes und die Verfolgung von Mönchen und Priestern. Dabei wurden die großen Abteien wie zum Beispiel Glastonbury in Somerset, Walsingham und Binham in Norfolk derart zerstört, daß außer den Grundmauern und einigen Strebepfeilern kein Stein mehr auf dem anderen blieb. Viele Klöster wurden auch wie im Fall Binhams verkauft, um mit ihrer Bausubstanz neue Gebäude zu errichten. Von den Steinen des Klosters und der Kirche in Binham baute man große Häuser in dem Hafen Wells-next-the-Sea an der Nordküste Norfolks. Von Glastonbury sagt man, daß fast kein altes Haus der Stadt nicht zumindest einen Stein der ehemaligen Abtei aufweise. Die behauenen Steine der Fensterbögen waren besonders beliebt; dennoch traute man sich nicht, sie offen zu zeigen, sondern baute sie mit der unbehauenen Seite zur Straßenseite hin in die Häuser ein. Üblich war es auch, im 16. Jahrhundert mit den Steinen der Klöster Straßen zu befestigen und Brücken zu bauen.

Eine weitere Welle der Zerstörung schwappte zur Zeit Oliver Cromwells (1599–1658) über kirchliche Bauwerke und Kunstschätze hinweg, als die englischen Puritaner zu einer Bilderstürmerei ansetzten, der viele Skulpturen und speziell Engelsköpfe zum Opfer fielen. Sie rollten in der Kathedrale von Salisbury zum Beispiel, da sie nach der Ansicht der Puritaner zu aufreizend aussahen, wie sie so weiblich von der Decke herab-

Auch um das zerstörte Kloster von Lindisfarne ranken sich zahlreiche Legenden

schauten. Auch der heilige Weißdorn des Joseph von Arimathia in Glastonbury wurde abgehackt.

So bleibt leider nur die Feststellung, daß in den gotischen Kathedralen und Klöstern Englands keine Archetypen mehr wirken; man schaut sich ein unlebendiges Bauwerk an, das äußerlich und im Innern weitgehend seiner mächtigen und ursprünglichen Bilder beraubt wurde. Und dennoch strahlen einige wenige Kathedralen immer noch eine magische Atmosphäre aus.

Als Beispiel für englische Kathedralen, von denen auch weiterhin eine ungebrochene Kraft ausgeht, möchte ich jene von Durham und Wells hier ausführlicher beschreiben. Diese beiden Gotteshäuser hinterließen auf mich einen besonders tiefen Eindruck. Über die Kathedrale von Salisbury können Sie Genaueres in dem Kapitel über die Leylines (siehe Seite 63 ff.) nachlesen.

Durham

Außer der Legende, wie Sankt Cuthberts Geist den Ort als seine endgültige Grabstätte bestimmte, kennt die Volksüberlieferung noch eine andere diesbezügliche Geschichte: Und zwar soll die Stelle den Mönchen von Lindisfarne von einer schwarzbraunen Kuh gezeigt worden sein. Man stellte daraufhin später im Angedenken an das Rindvieh eine Skulptur von ihm in der Kathedrale auf und widmete ihm auch einen Straßennamen bei der Kathedrale. Immerhin berichten Rutengänger, daß Kühe (und andere Tiere) auf der Weide Plätze mit spezieller Kraftausstrahlung vorzögen, da unter ihnen blinde Quellen lägen. In England gibt es mehrere Beispiele für die Divination heiliger Stätten durch Tiere – beispielsweise der

Abtei von Waltham in der Grafschaft Essex. Die Kathedrale von Durham gehört zu den wenigen Bauwerken der Welt, die wie das Taj Mahal im indischen Agra offiziell als wesentliche Kulturdenkmäler der Menschheit ausgewiesen worden sind. Ganz Durham wird von ihr beherrscht.

Wenn Sie sich der Kathedrale nähern, sollten Sie beim Bahnhof anfangen. Vom Parkplatz dort hat man einen hervorragenden Blick auf das normannische Bauwerk aus dem 11. und 12. Jahrhundert, das sich gleichsam wie eine Burg über der etwas höher gelegenen Halbinsel, die von der Flußschleife des Wear gebildet wird, emporreckt.

Der wichtigste Wallfahrtsort Englands
Durham Cathedral gilt noch heute als wichtiger Wallfahrtsort in England, da in ihr Sankt Cuthbert, der heilige König Oswald und der Kirchenhistoriker Beda Venerabilis begraben liegen. Allerdings fehlt in Durham glücklicherweise der an anderen Pilgerzentren so beliebte Devotionalien- und Kitschhandel. Durham Cathedral strahlt Ruhe und Klarheit aus.

Betritt man diese riesige Kathedrale im Nordwesten, fallen zunächst die riesigen, mit Zickzack-Ornamenten versehenen runden Pfeiler auf.

Am Ostende, dort, von wo das Licht des Bewußtseins herkommt, fand der heilige Cuthbert unter einer dunkelgrünen Marmorplatte mit der schlichten goldenen Inschrift »CUTHBERTUS« seine letzte Ruhestätte. Neben ihm lag der heilige Oswald, dessen Gebeine nach der Reformation nicht mehr aufgefunden werden konnten. Das Betreten der Platte über Cuthberts Grab ist heute untersagt. Man erzählt sich jedoch, daß es heilend, belebend und klärend wirke, wenn man dort stehend sein Gebet sprechen würde. Die erhöhte, schlichte Grabkapelle, in der Cuthbert ruht, verlangt geradezu nach einem besinnenden Gespräch mit Gott.

Am Sankt-Cuthbert-Tag, dem 20. März, und auch zu anderen Kirchenfesten pflegte man den emporgehobenen Sarg des Heiligen der versammelten Menge der Gläubigen zu zeigen. An den Halteseilen waren sechs Silberglöckchen befestigt, von denen ein unirdischer Klang ausging. Der Eichensarg selbst ist bemalt mit Drachenbildern und Abbildungen von Fabelwesen auf dem Deckel; innen ist er rot ausgeschlagen. Der Originalsarg, der am 29. August 1104 hierhergebracht worden ist, gehört heute zu den Glanzstücken des Domschatzes.

Über der Grabplatte, wo früher die Hebevorrichtung für den Sarg angebracht war, befindet sich heute der sogenannte »tester«: ein Himmel, der Christus im blauen Seelenmantel zeigt, wie er inmitten seiner goldenen Aura sitzt, umgeben von den vier Tieren der Apokalypse. Das quadratische Bild wurde von Sir Nimian Comper gemalt.

Am gegenüberliegenden Westende der Kirche gelangt der Besucher zum Grab des Kirchenhistorikers Beda, das für mein Gefühl keine besondere Kraft ausstrahlt. Die Ästhetik dieses Platzes, der seine Spannung aus der Korrespondenz zwischen der alten Kapelle und der äußerst modern gestalteten Inschrift bezieht, konnte mich nicht berühren. Um so mehr war ich dagegen von der modernen Holzstatue »Cuthbert yesterday and today« des zeitgenössischen Bildhauers Fenwick Lawson im Innenhof des Kreuzgangs der Kathedrale angetan. Das Bildnis wurde aus dem Stamm einer großen Ulme geschnitzt, die vor der Kathedrale stand. An deren Nordportal findet man außen die Replik eines »sanctuary knockers« (Türklopfer eines Eingangs zu einem heiligen Raum) von 1140, der ein Sonnentier darstellt, das als Klopfring den Oroboros im Maul hält. Wer im Mittelalter diesen Klopfer betätigte und eingelassen wurde, stand sogleich unter kirchlichem Schutz.

Wells

Falls Sie Glastonbury besuchen, sollten Sie unbedingt einen Abstecher nach Wells machen, das etwa dreißig Kilometer südlich von Bath in Somerset liegt.

Der Name der Stadt ist wahrscheinlich auf die heiligen Quellen zurückzuführen, die hier entsprungen sind (was auch auf den gleichnamigen Ort an der Nordküste Norfolks zutreffen dürfte).

Die Vermutung liegt nahe, daß die mächtige, schön von großen Rasenflächen umgebene Kathedrale von Wells mit Absicht an der Stelle eines heidnischen Heiligtums errichtet wurde, um den Sieg des christlichen Glaubens über das Heidentum eindrucksvoll zu demonstrieren.

Ein Meisterwerk der Gotik Diese erste englische Kathedrale, ein Meisterwerk der Gotik, dessen Hauptteil 1240 vollendet wurde, ist dem heiligen Andreas gewidmet. Er war einer der zwölf Apostel, und am 30. November ist sein Ehrentag.

Wahrscheinlich mußte Andreas den Märtyrertod am Kreuz erleiden, dessen Form einem X glich. Deswegen gilt dieser Buchstabe auch als sein Symbol. Interessanterweise ist das X auch in Gestalt der sogenannten Scherenbögen in Verbindung mit der architektonischen Struktur der Kathedrale ein wichtiger Faktor. Das war natürlich so nicht eingeplant, sondern eine statische Notwendigkeit, die sich durch den erheblichen Ausbau des Turmes nach oben um 1315 ergab. In Konsequenz dieser Erhöhung sanken nämlich unter dem großen Gewicht der Bausubstanz die Grundmauern im Westen ab. 1338 wurde der englische Baumeister William Joy beauftragt, die Belastung abzufangen, um einen Einsturz des Turmes zu verhindern. Er konstruierte die Scherenbögen, die das Gewicht des Turmes auf die stabilere Ostseite verlagerten.

Zu den weiteren Besonderheiten der Kathedrale zählt ihre imposante Westfassade aus grauem Sandstein, von der 297 lebensgroße, im 18. Jahrhundert geschaffene Figuren auf die Besucher herabschauen.

DAS ACHTECK
Als beliebte geometrische Figur tritt in der Kathedrale von Wells das Achteck auf: Der Umriß der Marienkapelle am Ostende des Baus wird von einem unregelmäßigen Achteck gebildet, und das 1306 vollendete »Chapter House« (hier kam das Domkapitel zusammen) von einem regelmäßigen großen Achteck. In das Chapter House gelangen Sie über die ausgetretenen »himmlischen Stufen«, auf denen Sie atmosphärisch auf diesen Raum eingestimmt werden.

Das Symbol des Paradieses

Das Achteck verkörpert den Übergang vom Quadrat zum Kreis und wurde deswegen häufig für Kuppelkonstruktionen verwendet. Aber nicht nur aus architektonischen Überlegungen erhielt die Acht im christlichen Sakralbau den Vorzug. Seit babylonischer Zeit gilt sie als Symbol für den Wohnort Gottes und des Paradieses. Für die Christen ist die Acht eine Glückszahl, von der immer wieder in der Bibel die Rede ist. So wurden zum Beispiel acht Menschen auf der Arche gerettet, und die Reinigung des Tempels von Jerusalem dauerte acht Tage. Der esoterisch-christlichen Tradition zufolge soll zahlenmystisch der Name von Jesu, auf griechisch geschrieben, die Zahl 888 ergeben (und im Gegensatz zur apokalyptischen Zahl 666 stehen), womit die dreimalige Acht das Symbol Christi als Erlöser wurde. Ferner soll die Acht auf die grenzenlose Liebe Christi hindeuten. In christlicher Tradition wird die Acht auch gern als ein doppeltes Kreuz dargestellt, dessen vier Balken aus je zwei Einheiten bestehen.

Aus diesen Gründen ist es nicht verwunderlich, daß man auf die Acht oder das »ad quadratum«, wie es die mittelalterlichen Maurer nannten, im Sakralbau sehr häufig zurückgriff. Die Sankt-Pauls-Kathedrale in London und auch die

Blick vom Hafen auf die Kirche Saint Mary's von Scarborough

Kathedrale zu Ely sind auf dem »Ad-quadratum«-Prinzip aufgebaut, ebenso das Straßburger und das Ulmer Münster. Immerhin läßt sich das Achteck leicht mit Schnur und Zirkel entwerfen.

Daß in Wells unter anderem die Marienkapelle einen achteckigen Grundriß aufweist, mag wohl auf den achtfachen Stern zurückzuführen sein, den wir in den frühchristlichen Darstellungen Marias finden. Die unregelmäßige Gestaltung dieses Achtecks ist allerdings eine Besonderheit, denn normalerweise wird beim mittelalterlichen »Ad-quadratum«-Entwurf eine solche Figur durch zwei Quadrate gebildet, die, um fünfundvierzig Grad verschoben, absolut regelmäßig sind. Auf mich macht das nach Westen hin offene unregelmäßige Achteck den Eindruck des weiblichen Uterus, des Ursprungs allen menschlichen Lebens.

Die Acht versinnbildlicht die Vereinigung zweier Welten: Die materielle Welt mit ihren vier Elementen (symbolisiert durch das Quadrat als Ursymbol der Erde seit Platon) verbindet sich mit der entsprechenden geistigen Welt als Erhöhung und Transzendierung dieser materiellen Welt. Irdisches und himmlisches Gesetz stehen in Beziehung zueinander (jeweiliges Symbol ist das Quadrat), und so verweist die Acht immer darauf, daß diesseitige und jenseitige Gerechtigkeit in Übereinstimmung gebracht werden müssen. Unter Zugrundelegung einer solchen Überlegung erfüllt die regelmäßige und harmonische achteckige Form des Chapter House alle Bedingungen. Noch heute wirkt dieser helle Anbau im höchsten Maße harmonisierend. Das Chapter House mit einem Stützpfeiler in der Mitte lädt zur Meditation auf unsere innere und äußere Harmonie ein. Es ist für mich der kraftvollste Ort der Kathedrale, der – weil etwas abseits gelegen – nicht in dem Maße besucht wird wie die übrige Kirche.

Wenn wir die beiden Achtecke in Wells unter der Perspektive von C. G. Jung betrachten, dann verkörpert aus meiner Sichtweise das unregelmäßige und offene Achteck der Marienkapelle im Osten den weiblichen und das geschlossene, regelmäßige Achteck des Chapter House im Norden den männlichen Archetypus. Dabei wirkt das Männliche heute als lichterfüllt, klar und äußerst hell (durch Fenster mit durchsichtigem Glas), während dem Weiblichen etwas Dunkles und Geheimnisvolles anhaftet.

Die Acht ist das Symbol des Neuanfangs: Nach den sieben Tagen der Schöpfung beginnt mit dem achten Tag eine neue Welt, genauso wie hinter den sieben klassischen Planeten (die mit dem bloßen Auge zu sehen sind) eine neue Sphäre liegt. Der achte Tag ist der jüngste Tag, an dem Gott das ganze All zur Ruhe bringen wird. Mit ihm fängt die neue Weltzeit an. Diese Harmonie und Ruhe der Acht ist deutlich im Chapter House von Wells zu spüren, das einen in eine andere, harmonischere Welt aufnimmt.

Die Acht in anderen Kulturen Daß sich hinter all den Bedeutungen der Acht etwas Archetypisches verbirgt, zeigt der Blick in andere Kulturen: Die Tempel der Anhänger von Konfuzius sind wie die altchristlichen Taufbecken immer achteckig. Der Buddhismus kennt den achtfachen Pfad zur Befreiung, der Islam spricht von acht Paradiesen (weswegen islamische Gärten oft achteckig angelegt sind), und den Sufis gilt die Zahl Acht als heilig. Im Mithras-Mysterium wird der Myste beim Durchschreiten des achten Tores darauf vorbereitet, daß er nach seinem Tod in die Lichtheimat eingeht.

Der Friedhof von Saint Mary's Church in Scarborough

Zum Abschluß des Kapitels über die Kraftorte des Christentums in England möchte ich auf diesen Friedhof in der Grafschaft Yorkshire verweisen. Es ist ein alter Gottesacker, der, gleich unterhalb der Burg hoch über dem Meer gelegen, vom Geist alter Grabsteine mit ironischen bis philosophischen Inschriften geprägt wird. Im östlichen Teil des kleinen, durch eine verkehrsarme Straße unterteilten geweihten Grundes liegt Anne Brontë

Der alte Friedhof von Scarborough – ein hoch über dem Meer gelegener christlicher Kraftort

Das Grab der berühmten englischen Schriftstellerin Anne Brontë

beerdigt, die jüngste der drei durch ihre Romane weltberühmten Schwestern. Anne Brontës Grab ist ein Pilgerort für Menschen aus aller Welt. Es liegt genau richtig auf diesem freundlichen Friedhof, der dem Wind und den Vögeln zu gehören scheint und mir eine hervorragende Stelle zu sein schien, um auf den Geist zu meditieren.

Orte besonderer Naturmagie

Eine kleine Rundreise möchte ich Ihnen empfehlen, für die Sie sich ein paar Tage Zeit nehmen sollten. Diese Fahrt wäre zwar auch bequem an einem Tag zu bewältigen, jedoch laden die Landschaft und die kleinen Dörfer zum Verweilen ein. Den hier beschriebenen Blakeney Point können Sie nur in einer mindestens vierstündigen Wanderung erleben. Die Route führt Sie durch kleine Küstenorte wie Blakeney und Cley next the Sea, die einen ganz speziellen Charakter aufweisen, wie auch das Landstädtchen Holt.

Als beste Zeit zum Besuch dieser Gegend Norfolks eignet sich das Frühjahr, wie schon Chaucer am Ende des 14. Jahrhunderts im Prolog zu seinen »Canterbury Tales« bemerkt: Nach der Winterruhe sollte man im Frühjahr zur Fahrt aufbrechen, und zwar im Mai. Für diejenigen, die an der Vogelwelt besonders interessiert sind, bieten sich die Wochen ab September als ideale Zeit an.

Das Landesinnere von Nordnorfolk ist eine dünnbesiedelte Region, deren Aussehen von den großen Gütern geprägt oder gepflegt wird. Hier residiert der englische Landadel in meist stilvollen Häusern inmitten großartig angelegter Parks. Dem romantischen Geist fällt die Vorstellung nicht schwer, wie abends am Kamin der Herren-

Meditative Ruhe liegt über diesem idyllischen Dorfteich in Nordnorfolk

zimmer der Landsitze Logenbrüder oder zumindest die Theosophen, die in England noch relativ verbreitet sind, zusammenkamen. Hier lebte man aber meist mehr in Verbundenheit mit den Kräften der Erde, und der nicht zur Ruhe kommende Geist einer längst verstorbenen Lady wurde als gewöhnlicher Spuk für gerade noch akzeptabel angesehen.

Mannington Hall, eines jener Herrenhäuser, wurde zur Zeit Walpoles einst vom Geist der Politik durchweht. Heute widmet man sich hier in einem ökologischen Projekt der Landschaftspflege.

Mannington Hall und die Rosen

Wer sich auf die Reise zu magischen Plätzen in England begibt, auf dessen Programm sollte der Besuch mindestens eines der herrschaftlichen Häuser des Landadels stehen, die nicht nur eine vergangene imperialistische Macht symbolhaft verkörpern, sondern auch oftmals den idealtypischen »Locus amoenus« in unsere heutige Zeit hinübergerettet haben.

Einer der schönsten von ihnen ist Mannington Hall bei Saxthorpe. Wir in Deutschland würden hier eher von einem Schloß sprechen. Alte Flintsteine, Ziegel, Wasser, Wiesen und Bäume findet man in perfekter Harmonie. Mannington Hall wurde genau zwischen dem alten Marktzentrum Aylsham und dem Landstädtchen Holt in einem der schönsten Gebiete des ländlichen Norfolk errichtet. Von Norwich kommend nimmt man die A-140 nach Aylsham und fährt dann auf einer kleinen Landstraße direkt an Blickling Hall vorbei, den braunen Schildern »Tudor-Tour« folgend, nach Mannington, das nördlich (rechts) von der B-1354 liegt.

Ausdruck perfekter Harmonie

Die aus dem 15. Jahrhundert stammende Mannington Hall ist das älteste bewohnte Herrenhaus in England, und sein heutiger Besitzer Lord Robin Walpole ein direkter Nachfahre des berühmten Premierministers Robert Walpole.

Robert Walpole (1676–1745) stellte im damaligen England die Weichen für eine moderne Kolonialpolitik. Ein bekanntes Familienmitglied war auch Horace Walpole, der Twickenham – ein Herrenhaus und Ort an der Themse, unweit von London gelegen – zu einem neogotischen Schloß umbauen ließ und als letzte Ruhestätte den Platz neben seinem Reitpferd und seinem Windhund auserkor.

Das in außerordentlich schöner und gepflegter Umgebung gelegene Mannington Hall strahlt nicht nur durch den anmutigen Wassergraben mit seinen vielen Seerosen und einer eisernen kleinen Zugbrücke eine mittelalterliche Atmosphäre aus. Auch die Luft ist hier anders: Die Gerüche aus einem Duftgarten wehen herüber, mischen sich mit denen der Kräuter, und über allem liegt der feine Duft der Rosen. Die Fahrt nach Mannington stimmt einen schon auf die »Anderswelt« ein. Auf der gewundenen Straße zum Landsitz hat man kurze schöne Blicke über die teils mittelalterliche Heckenlandschaft Nordnorfolks. Die ältesten dieser natürlichen Einfriedungen, die die Äcker vor dem beständigen Wind schützen, stehen unter Naturschutz, und es ist ein Sakrileg, an einer von ihnen etwas zu verändern. Viele ältere Leute der Gegend beklagen sich darüber, daß die Hecken heute maschinell vom Trecker aus geschnitten werden. »Entspricht das der Würde der Hecke«? geben sie zu bedenken.

Die Hecken

Die meisten Hecken der vornehmen Landsitze stammen allerdings nicht aus dem Mittelalter, sondern aus der Zeit um 1820, als der »Hedgerowact«, ein Gesetz zur Aufforstung der Hecken, vorschrieb, die riesigen Felder zu unterteilen. Allerdings gibt es in Nordnorfolk immer noch natürliche Umzäunungen, die sechs- bis siebenhundert Jahre alt sind.

Die Sachsen Englands waren die ersten, die in Europa um 1000 n. Chr. Hecken anpflanzten, um

Grundstücksgrenzen beständig zu sichern. Allerdings gibt es auch Spuren von Hecken in Südostengland, die mit einiger Wahrscheinlichkeit aus der Eisenzeit stammen. Im Mittelalter diente die Hecke als Garten und natürliches Medizinreservoir. Man aß Salate von Heckenpflanzen wie Löwenzahn, Vogelmiere und Wiesenschaumkraut; aus Hagebutte und Holunder stellte man Wein her (was noch heute im ländlichen England sehr beliebt ist), während Krankheiten und Wunden in erster Linie mit Weißdornblättern behandelt wurden. Die Hecken gliedern nicht nur eine sonst eintönige Agrarlandschaft, sie spiegeln auch Harmonie und Geborgenheit wider; es geht etwas Geheimnisvolles von ihnen aus, und zugleich vermitteln sie ein Heimatgefühl.

In Mannington Hall bringt man den Hecken noch Achtung entgegen. In alter Weise werden dort wieder Weißdorn und Haselstrauch angepflanzt, wo zuvor eine Hecke abgestorben war.

Blickling Hall mit seinen akkurat geschnittenen Buchsbaumhecken. In der Bibliothek sollen noch heute einige Geister wohnen

Diese Hecken in Süd- und Mittelengland verkörpern wie die Steinmauern in Cornwall und Nordengland nach meinem Eindruck die Adern des Landes, die sich im Gegensatz zu den viel älteren geraden Leylines kreuz und quer über die Insel winden. Im Herbst hängen sie oft an der Sonnenseite voller schwarzer Brombeeren, und man muß einfach von ihnen naschen. Allerdings sollte man nach dem 11. Oktober die Finger davon lassen, da nach englischer Volksüberlieferung ab dann der Teufel auf die Beeren spuckt, weil er nach seinem Himmelssturz in Brombeerbüsche fiel.

Schauen Sie sich einmal solch eine Hecke genau an. Auf dem Gut Mannington gehören bis zu zwanzig verschiedene Busch- und Baumarten zu ihren Bestandteilen, darunter Stechpalme, Holunder und Weißdorn. Die Beeren der verschiedenen Heckenpflanzen sind im Herbst und Winter oft die einzige Nahrung der vielen Vögel. Und nicht nur bei ihnen erfreuen sich die Hecken großer Beliebtheit: Manche Kleintiere wie Igel, Dachs, Molche, Kröten, Frösche und die verschiedenen Mäuse haben hier ihr Refugium.

An die alten Zeiten, als man seinen Wohlstand noch aus den Kolonien bezog und sich zu Hause in Ruhe der Jagd hingeben konnte, erinnern die an fast jeder Hecke stehenden Fasane, die Ihnen bei der Fahrt nach Mannington sicherlich mindestens einmal vor das Auto laufen oder flattern. Sie sind Abkömmlinge des verwilderten Jagdfasans, der im Spätmittelalter aus Asien eingeführt wurde und besonders dem Landadel des 18. und 19. Jahrhunderts als beliebter Jagdvogel diente. Der Volksmund spöttelt, daß die Junker zu degeneriert gewesen seien, um die vielen Wildenten, Tauben und anderen wilden Vögel zu treffen. Allerdings war den Herrschaften wohl auch bei den Fasanen nicht gerade das Jagdglück beschieden, denn es gibt noch erstaunliche Mengen dieses Hühnervogels, der so schwerfällig auffliegt, daß er eigentlich schwer zu verfehlen ist. Der Fasan hat sich gerade im Schutz der Hecken gewaltig vermehrt und scheint in seiner männlichen Farbenpracht – die Weibchen sind braun – in diese Landschaft hineingeboren zu sein.

In Mannington und in den Tudorhäusern der Umgebung wie Blickling Hall – das wie das englische Bilderbuchlandhaus aus der Werbung aussieht (besonders nachts in seiner Beleuchtung) – treten die alten Hecken in Kontrast mit den ehrwürdigen neueren Schöpfungen der Gartenarchitektur: den für jedes große Haus obligatorischen geschnittenen Buchsbäumen.

Verweilen wir aber noch etwas bei den Hecken und ihrer Magie. Sie werden feststellen, daß sie von dem Busch Merlins, dem weiß blühenden Weißdorn, geprägt sind. Er wurde der Sage nach von Merlin herbeigezaubert, der sich hinter ihm verborgen willig der Magie der Fee Viviane auslieferte.

Die Magie des Weißdorns

Der Weißdorn hat in England immer eine besondere Rolle nicht nur als Rendezvousplatz der Feen und Elfen gespielt. In früheren Zeiten ließen die Priester die Kranken eine Öffnung aus dornigen Weißdornzweigen durchschreiten, damit die Krankheit an den Dornen hängenblieb. Seine gezackten Blätter gehören zum ersten Frühlingsgrün, und seine dunkelroten Beeren sollen dem Volksglauben zufolge Geister und Dämonen abhalten. Ein Sud aus den gekochten Früchten ergibt einen herzstärkenden Tee, was auch auf die Blätter zutrifft. Der Weißdorn konnte nach alter Volksüberlieferung sowohl Glück wie Unglück bringen: Das Vorhandensein seiner Blüten im Haus bedeutete einerseits den baldigen Tod eines Familienangehörigen, andererseits jedoch auch Ehe, Liebesglück und Fruchtbarkeit.

Aus dem Weißdorn schnitzte sich die Hexe ihren dem Zauberstab vergleichbaren Hexenstab. Hexer und Hexen wurden in England, wo allerdings die Inquisition nicht so verheerend wütete wie auf dem Kontinent, mit ihren Weißdornstäben zusammen verbrannt.

Und so haben die Hexen der Volksmeinung nach im Mittelalter auf den Hecken gesessen: mit einem Bein in dieser, mit dem anderen in der jenseitigen Welt. Von daher stammt das deutsche Wort »Hexe« (»Hagazussa«), es bezeichnet das Weib, das auf der Hecke sitzt, von rittlings ist

Die Windmühle von Cley next the Sea – hier kann der Teufel nicht wohnen, weil es keine Ecken gibt

dabei jedoch keine Rede. Der Märchenliebhaber wird sich in dieser Landschaft wie in einem der vielen Märchenromane des irischen Lords Dunsany (E. J. M. D. Plunkett, 1878–1957) vorkommen. Sehr zauberisch ist die Atmosphäre dort und hier, in jenen Ländern, in denen die Grenze zur Anderswelt noch durchlässig ist – um mit Lord Dunsany zu reden.

Die moderneren Hecken aus Buchsbäumen sprechen von einem anderen Geist. Sie wurden aus dem Mittelmeergebiet und Westasien eingeführt, um mit ihnen Herrenhäuser und Schlösser fortwährend zu begrünen. In England werden sie, wie etwa in Blickling Hall, zu Hecken geschnitten, die grünen Wänden gleichen. Sie werden mit Vorliebe zu geometrischen Formen zurechtgestutzt und sind eine Erfindung der englischen Gartenarchitektur, deren Magie sogar in Goethes »Wahlverwandtschaften« hineinwirkte. Der moderne, am Aufklärerischen ausgerichtete »Locus amoenus« – die Idee des schönen Ortes – sollte im englischen Landschaftsgarten beschworen und zelebriert werden. Besonders Norfolk und Südengland beeindrucken durch ihre parkartigen Grünflächen, die das Auge erfreuen, wohin es auch blickt. Die Eingliederung des »Locus amoenus« in die ihn umgebende Natur ist in Verbindung mit den großen englischen Herrensitzen und Landschlössern oft so gut gelungen, daß sie dem Betrachter wie ein besonders schönes Stück Natur vorkommen. Bis er dann vor einer Buchsbaumhecke steht, die ihm die Privatsphäre der Lords und Ladies auf dem englischen Rasen nachhaltig vor Augen führt.

Den magischen Einklang von Natur, Parkarchitektur und bäuerlichem Land empfindet der Besucher besonders in Mannington Hall, wo Lord Walpole in vorbildlich ökologischer Weise die Landschaft pflegt. Auf dem Gelände des riesigen Gutes wurden Naturpfade angelegt, auf denen man die Kraft dieser Landschaft noch ungehindert in sich eindringen lassen kann. Abends ist oft eine Eule auf der Schafswiese hinter dem Herrenhaus zu beobachten. Oder man betrachtet das Herrenhaus, das von dieser Seite, hinter den beiden Seen gelegen, noch romantischer wirkt.

Wie in biblischer Zeit Am nördlichen Ende der Wiese bei den alten Eichen liegt die Hall Farm, deren große Scheune sofort den Blick auf sich zieht.

Der vor zehn Jahren nach streng historischen Maßstäben renovierte große Backsteinbau aus dem 18. Jahrhundert läßt das Herz des Romantikers höher schlagen. Fast fühlt er sich in biblische Zeiten zurückversetzt: Da steht die große Scheune, die voller Nester und Taubenlöcher ist. Weiße Tauben und Spatzen fliegen umher, und die Schafe liegen friedlich im Hof.

In jüngerer Zeit wurde Mannington Hall vor ein paar Jahren durch die Presse in ganz England bekannt, als die Medien Lord Walpole beschuldigten, er vermiete Sozialhilfeempfängern zum Gut gehörende Häuser ohne fließend Wasser. Das Sozialamt hatte auf diesen angeblichen Mißstand aufmerksam gemacht. Als die Hausbewohner von der umgehend angereisten Presse interviewt wurden, erzählten sie freimütig, wie froh sie seien, daß Lord Walpole es ihnen hier ermögliche, im Einklang mit der Natur zu leben. Genau so hätten sie es sich vorgestellt und nicht anders. Nach diesem Interview sah man Robin Walpole auf der Wiese mit den Hippies Tee trinken.

Wer nach Mannington kommt, der sollte sich auf eine Meditation über und mit der Rose vorbereiten. Die Engländer lieben das edle Gewächs, aber in Mannington spielt es eine ganz besondere Rolle.

DIE ROSE

In den liebevoll gepflegten Gärten dieses Landhauses gibt es eine außergewöhnliche Rosensammlung mit vielen alten Arten zu bewundern. Hier wirken die Pflanzendevas ähnlich wie im schottischen Findhorn.

Wer sich vorab geistig auf die Rosen einstimmen möchte, findet in einem alten Stallgebäude eine sehenswerte Ausstellung zu deren Geschichte.

Danach bietet sich der »Chapel Garden« an, der sich als Platz für eine Herzensmeditation geradezu ideal eignet. Hier steht die umrankte Ruine einer sächsischen Kirche, und gleich daneben inmitten der Rosen stößt man auf eine sogenannte Verrücktheit: einen »folly«, wie man in England die in romantisierendem Stil gebauten Steintürme nennt, die oft zumindest einen Tudorbogen aufweisen. Die so gut wie nie bewohnten Bauwerke gelten als Lieblingsabsteige der englischen Polter- , Klopf- und anderen Geister, denen in Norfolk so einiger spukhafter Schabernack nachgesagt wird.

Aber keine Angst! Im Chapel Garden wird kein ungebetener Geist Ihre Meditation stören, vielmehr sorgt der Duft der Rosen dafür, daß Sie höhere Bewußtseinsstufen erreichen. Vielleicht kommt sogar der Geist des Rosenromans über Sie,

Im »Chapel Garden«

in dem Guillaume de Lorris im 13. Jahrhundert seine hochstilisierte Liebeskunst lehrt.

Die Rose spielt in der Symbolik der westlichen Welt die gleiche Rolle wie der Lotos in den Ländern des Fernen Ostens. Wie es den tausendblättrigen Lotos als Symbol der höchsten Bewußtseinsebene gibt, so verkörpert auch die tausendblättrige rote Rose diesen Zustand.

Wenn Sie vom Duftstrom der Rosen umhüllt sind, sollten Sie ihn durch Ihr Drittes Auge einatmen: Nachdem Sie an ihr gerochen haben, halten Sie die Rose an Ihre Stirn. Über das Dritte Auge (das Ajna-Chakra), so die Empfehlung vieler mystischer Schulen, soll man den Duft der Rose einatmen. Mit diesem Chakra können Sie sich dem Duftstrom öffnen, indem Sie jeden Lufthauch an der Stirn mit der Vorstellung verbinden, daß Ihr Drittes Auge eine durchlässige Stelle sei, durch die der Duft der Rose dringt und Sie offen und weit macht.

Symbol des Todes Die Griechen leiten das altgriechische »rodor« für Rose von dem Wort für »fließend« ab, womit sie den Duftstrom charakterisieren wollten. Aber durch den Verlust ihres Duftes opfert die Rose ihr Leben und verwelkt erschreckend schnell, was schon Plinius in seiner Naturgeschichte bedauerte. Die prächtig blühende und duftende Rose geht so schnell ein, daß sie als Symbol des Todes gilt. Zugleich verweist sie auf die jenseitige Welt, weswegen Rosengirlanden die Katakomben von Rom schmücken. Auch im Orakelwesen kündigt die Rose das Sterben an: Man sagt im Volk, daß englische Bischöfe ein paar Tage vor ihrem Ableben eine weiße Rose auf ihrem Stuhl finden würden.

Nicht nur in England wird die Rose mit dem Tod verbunden: Schon im alten Rom wurden jährlich die Rosalia als Fest der Rosen und Toten gefeiert, bei dem man die Gräber der Verstorbenen mit Rosen umkränzte.

Die Gegenwart einer Rose bedeutet von alters her, daß man über das, was in ihrem Beisein geschieht, schweigen sollte. Wenn im Altertum eine Rose über den Tisch gehängt und »sub-rosa« gespeist wurde, wie man es damals nannte, durfte über die Tischgespräche kein Wort nach draußen dringen. Die frühen Christen übernahmen diese Symbolik, wobei die Rose ihnen absolutes Stillschweigen gegenüber Andersgläubigen gebot. Die Rose als Sinnbild verschlossener Lippen lebte noch bis ins 18. Jahrhundert fort: In dieser Zeit schnitzte man beispielsweise über Beichtstühle Holzrosen und versah auch den Stuck der Decken in Gerichtssälen mit ihr.

Die Rose gilt wie der Lotos als die vollendetste Blume, und so ist auch nicht verwunderlich, daß sich die christliche Kirche ihrer Symbolik bemächtigte, indem sie sich des Propheten Sirach entsann, für den sie als das Bild der ewigen Weisheit galt. So wurde die Rose schnell zum Christussymbol, wie es das Weihnachtslied »Es ist ein Ros' entsprungen« anschaulich beweist. Maria wird ebenfalls als Rose im Rosenhag dargestellt, jedoch als Rose ohne Dornen, denn diese bezeichnen in christlicher Symbolik unsere Sünden, von denen Maria frei ist.

Eine mystische Blume

Die Rose hat etwas Mystisches, und nicht nur Bhagwan (Osho) kennt die Meditation der mystischen Rose, der »Rosa mystica«. Das Beten des Rosenkranzes kann auch eine solche Meditation sein. Die Sufis beispielsweise meditieren mit einem Tropfen Rosenduft auf dem Dritten Auge, da die Rose den Geist klärt und erweitert. Schon den Griechen galt der Rosenkranz als gehirnstärkend, und der römische Kaiser setzte aus diesem Grund die Rosenkrone auf sein Haupt. In Rom verkam der Gebrauch des Rosenkranzes, indem man ihn dekadenterweise zu Festen trug, um die Folgen des übermäßigen Weingenusses etwas in Grenzen zu halten.

Die Rose als Bild des klaren Geistes kannten auch die Alchimisten, mit deren Erlösungsvorstellungen sie in Zusammenhang stand. Schon in Dantes »Paradiso« wird die kleine Schar der Erlösten als eine weiße Rose dargestellt, über der die Engel wie die Bienen kreisen.

Daß der Weg zur Erlösung nur über die Liebe führt, ist wohl der wichtigste Aspekt der Rose, die ursprünglich der Liebesgöttin Aphrodite geweiht war, deren Geliebter Adonis in den nach ihm benannten Röschen weiterlebt. Daß diese Liebe aber auch von Fleisch und Blut ist, dafür steht Dionysos, der ebenfalls die Rose als seine Blume beansprucht.

Ein Ort der Wunder Hier in Mannington Hall können Sie erleben, wie der Rosengarten das Paradies auf Erden widerspiegelt, eine Stätte mystischer Veränderung. Dies ist der Ort der Wunder, und der Rosenwunder gibt es viele: Es wird von Rosenstöcken berichtet, die nie verblühen, von Rosenzweigen in einer Vase, die seit siebzig Jahren wieder und wieder weiß erblühen; und die Speisen für die Armen verwandelten sich in den Körben von Roswitha von Gandersheim und der heiligen Elisabeth in rote Rosen.

Die Gartenrose, der Sie in Mannington Hall in all ihren Formen begegnen werden, stammt ursprünglich aus dem Orient und kam erst mit den Kreuzfahrern auf die britische Insel. Sie ist seitdem derart mit England verbunden, daß der englische Bürgerkrieg der Rosenkrieg genannt wurde, da in ihm die weiße Rose – das Haus York – und die rote Rose – das Haus Lancaster – von 1455 bis 1485 um den englischen Thron fochten. Genau während dieses Krieges wurde Mannington 1460 gebaut. Der Krieg der Rosen war eine Zeit sozialer Unruhen auf dem Lande, wovon noch die Befestigungsanlagen und der den Herrensitz umgebende Wassergraben Zeugnis ablegen.

Der an der Magie Interessierte sei noch auf das Pentagramm der Rose verwiesen: Wenn man die Mitte eines jeden Kelchblattes einer Rose mit der des übernächsten Blattes verbindet, ergibt sich das Pentagramm, der Drudenfuß: jene alte Bann- und Zauberfigur, mit der schon Faust Mephisto bezwingen wollte.

Das Pentagramm

Die langlebige fünfblättrige Heckenrose mit eingezeichnetem Pentagramm galt bei den Griechen als ein Abbild des kosmischen Kreislaufs, der laut Aristoteles von den fünf Elementen – Feuer, Wasser, Erde, Luft und Äther – bestimmt wird.

Lebendige Aromatherapie ohne Duftfläschchen bekommt man in dem Garten von Mannington Hall vermittelt, der so angelegt ist, daß zu jeder Jahreszeit – außer im Winter – ein harmonisierender Duft Sie umfängt. Wenn Sie nicht gerade an einem sonnigen Sommerwochenende oder gar zu den »bank holidays« im Mai und August hierher-

Auf dem Weg nach Blakeney Point – die unberührte Natur der weiten Salzmarschen weist eine ganz besondere Ausstrahlung auf

kommen, laden die Rosen zum Verweilen und Meditieren ein.

Vom Parkplatz auf der Schafswiese bei Mannington Hall fahren Sie wieder bis zur Hauptstraße von Norwich nach Holt zurück, nehmen dann den Weg über Holt nach Blakeney und fahren von dort entlang der Küstenstraße nach Cley next the Sea. Sie passieren in Cley die bekannte Windmühle und biegen dann nach links auf die Beach Road ein, die Sie bis zum Parkplatz am Ende durchfahren.

Windmühlen und runde Türme gelten in England als ideale Wohnorte, da der Teufel sich in runden Räumen nicht in einer Ecke verstecken kann. Nicht nur deswegen ist die Windmühle in Cley ein beliebter Übernachtungsort für frisch verheiratete Paare in den Flitterwochen. Von hier hat man einen schönen Rundblick über die Marschen.

Seehunde, Möwen und viel Strand – Blakeney Point

Kurz nach 1900, also genau zu Beginn dieses Jahrhunderts, wurde in Cley die »Wild Bird Protection Society« gegründet. Die Gesellschaft machte es sich zur Aufgabe, die wilden Vögel, die sich alljährlich in großen Schwärmen an dieser Haff-Nehrungsküste zum Brüten und Überwintern einfinden, vor den ersten, zaghaften Ansätzen des Tourismus zu schützen. Zunächst wurde der allen Ornithologen bekannte »Bob« (Robert J. Pinchen) beauftragt, die Nester der Seeschwalben, deren größter europäischer Brutplatz sich hier befindet, abzusichern. Seit 1912 hat den Schutz der Brutstätten der »National Trust« übernommen, der den Blakeney Point als Naturdenkmal erster Ordnung und besonders als Vogel- und Seehundschutzgebiet betreut.

Der Blakeney Point bietet ideale natürliche Voraussetzungen für ein Natur- und Vogelparadies: Eine lange Kiesbank sichert die etwa fünfhundertvierzig Hektar große Nehrung gegen das offene, fischreiche Meer hin ab; hinter ihr erstreckt sich ein ausgedehntes Dünengebiet, dessen größte Düne knapp unter dreißig Meter hoch ist. Zweihundertsechzig verschiedene Vogelarten sind in den letzten Jahren auf Blakeney Point gesichtet worden. Diese geologisch junge Landschaft – das Dünengebiet entstand erst in den letzten dreihundert Jahren – ist auch für den Pflanzenliebhaber interessant. Hier am nördlichsten Punkt der Küste Norfolks wächst beispielsweise der Seelavendel sehr üppig, der sonst nur im Mittelmeergebiet vorkommt. Besonders zur Blütezeit im Juli liegt ein feiner Geruch über der Gegend. Der Lavendel, der entspannend und beruhigend bei seelischen Verkrampfungen wirkt, gedeiht an der gesamten Küste Norfolks und wird stellenweise gezüchtet und exportiert. Diese Naturszenerie, in der auch die Seehunde nicht fehlen, verkörpert ein naturmagisches Zentrum größter Kraft.

Seit nunmehr über neun Jahrzehnten spielt der Naturschutz am Blakeney Point und in den anliegenden Salzmarschen von Salthouse, Cley und Stiffkey eine große Rolle. Orte wie Cley, von dem aus eine Wanderung zum Blakeney Point möglich ist (die je nach dem Gezeitenstand vier bis fünf Stunden dauert und sich sehr lohnt), Blakeney und Morston, von wo die Fähre zum Blakeney Point mit einem kleinen Abstecher zu den Seehundbänken ablegt, leben von diesem ältesten Naturschutzgebiet Englands. Jeder liebt hier den »Point«, wie die Einheimischen zu sagen pflegen, und man geht in regelmäßigen Abständen hinaus, Vögel zu beobachten oder sich an den riesigen Sandstränden zu sonnen und im klaren Wasser dort zu schwimmen.

In Cley gab es bis vor wenigen Jahren das bei den Vogelbeobachtern in aller Welt berühmte »Nancy's Café«, wo auf dem Dachboden die Naturfreunde auf einem Matratzenlager übernachten konnten und unten in einem winzigen Raum das berühmte rote Vogeltelefon stand. Sah irgend jemand irgendwo in der Welt einen seltenen Vogel, so rief er hier an, und jeder Gast war verpflichtet, das Telefonat anzunehmen und den Namen des Vogels in ein Buch einzutragen. Nancy's Café kommt auch in dem für das britische Fernsehen verfilmten Krimi »Murder in the Hide« (Der Mord in der Vogelbeobachtungshütte) vor.

Vogeltelefon und Vogelbibel

Heute, nachdem die Inhaberin sich zur Ruhe gesetzt hat, wird die Tradition des Vogelmeldens in Ansätzen im Hotel und Gasthaus »St. George and the Dragon« fortgeführt, das die sogenannte Vogelbibel beherbergt. Unübersehbar liegt auf einem edlen Ständer in der Gaststube ein dickes Buch aus, in dem jeder in Cley und Umgebung gesehene besondere Vogel Erwähnung findet – teilweise mit Zeichnung.

Einzig während des Ersten Weltkriegs, als das Militär dieses Gebiet übernahm, war das Verhältnis zwischen der Bevölkerung und dem Point gespannt. Die Soldaten, meist Städter, fanden keine Beziehung zu der ihnen fremden Umgebung. Hinzu kam, daß sie zur großen Erbitterung der Einheimischen versehentlich viele Vogelbeobachter als Spione festnahmen, da diese sich ungepflegt und mit Ferngläsern bewaffnet am Point herumtrieben. Noch heute schlafen viele Vogelbeobachter im Freien, da der Point seinen besonderen Zauber in den frühen Morgenstunden und beim Untergang der Sonne voll entfaltet.

Die Magie des Blakeney Point, die sich noch heute permanent verändert – etwa der Küstenverlauf nach jeder großen Flut –, liegt in ihrer Vogelwelt. An vielen Stellen der ausgedehnten Salzmarschen kommt man sich als Mensch zunächst einmal fehl am Platze vor: Hier ist das Reich der Vögel. Elf verschiedene Seevogelarten wie Seeschwalben, arktische Skuas und andere Möwenarten sind hier neben Fischreihern und wilden Schwänen beheimatet. Während des Spätherbstes und Winters wird der Point als wichtige Raststation von den Zugvögeln angeflogen, und die Wildgänse der Arktis überwintern hier in großer Zahl. Im Bild solcher Vogelschwärme zeigt sich die Göttin Arianrhod des »Mabinogions«, das neben dem »Beowulf« das älteste überlieferte literarische Zeugnis aus dem englisch-walisischen Bereich darstellt. Wenn Sie einen Schwarm beobachten, wirkt dieser in seiner Flugbewegung wie ein einziger Organismus. Es scheint kein Leittier zu geben, und die Individualität ist vermeintlich im Gruppenmechanismus aufgegangen.

Blakeney Point ist Anderswelt: Zur Seeseite hin geht der grobe Kiesstrand langsam in einen feinen, weißen Sandstreifen über, an dem man bei Ebbe die kleinen wendigen Seeschwalben und Möwen beobachten kann, wie sie sich im Sturzflug die hinter der Sandbank in einer Lagune gefangenen Fische, Krebse und Sandaale schnappen. Es sieht aus, als wollten sie sich ins Wasser stürzen, um an den Mittelpunkt der Welt zu gelangen. Dann wieder meint man, die »Möwe Jonathan« am Himmel hoch und weiß fliegen zu sehen. Die Vögel sind von allen Wesen am meisten den Engeln gleich. Sie leben wie diese zwischen

Orte besonderer Naturmagie

Vogelfreunde warten geduldig und aufmerksam auf seltene Vögel

Himmel und Erde, und wenn wir auf sie meditieren, dann breitet sich in uns ein Gefühl der Leichtigkeit und Unbeschwertheit aus. Die Vögel gelten schon seit Homer als Seelentiere, denn ihre Schwerelosigkeit symbolisiert die Ungebundenheit an die Materie. Zugleich leben sie in unmittelbarer Nähe der himmlischen Wahrheit und Gnade. So sind sie die gefiederten Hüter der spirituellen Wahrheiten und Einsichten und auch die Seligen, denen jede Sündenlast genommen wurde. Die alchimistische Symbolik benutzt das Bild des Vogels, um Dämpfe (den Geist), die aus kochendem Sud aufsteigen, zu versinnbildlichen. Auch sie sieht im Vogel den Vorgang der Vergeistigung, denn immerhin vermag jener der Sonne entgegenzufliegen und sich so mit dem kosmischen Bewußtsein zu vereinigen.

Vom Mai bis in den Juli hinein brüten auf dem Blakeney Point riesige Schwärme von Seeschwalben, die aufgeregt und laut kreischend von ihren Brutplätzen hochflattern, wenn sich ihnen jemand nähert. Am westlichen Ende des Points kann man die oft stundenlang bewegungslos verharrenden Kormorane beobachten, die einen Flügel hochhalten, als ob sie ihn in der frischen Seeluft trocknen wollten. Im Winter sieht man mit einigem Glück selbst am Tage die seltene Kurzohreule jagen. Man schaut sich hier stundenlang ganz ruhig die Vögel an – ein Voyeurismus besonderer Art, der den inneren Dialog zum Stoppen bringt. Dieses Beobachten der Vögel, das Scharen mit Fernglas und Teleskop ausgestattete »Twitcher« – wie die Vogelbeobachter hier genannt werden – in Wetterkleidung anlockt, entbehrt nicht einer gewissen Kühnheit und Intuition. Man benötigt viel Geduld, um sich völlig auf die Land-

Ebbe in den Salzmarschen

schaft und ihr Leben einzustellen, die sich gleichzeitig als der beste Lehrer der Meditation herausstellt.

Aber nicht nur wegen seiner Vögel ist der Blakeney Point die Anderswelt: Geht man die dem offenen Meer zugewandte Seite der Nehrung entlang, kann man vor allem beim Tiefstand der Sonne und bei ablaufendem Wasser glitzernde Karneole finden, die helfen sollen, ihren Träger zu erden. Karneole galten in anglosächsischer Zeit als magischer Schmuck der Königinnen.

Die Weite der Strände und die klaren Linien der Landschaft öffnen Brustraum und Herz. Dann kommt noch das Licht hinzu: ein ganz besonders klares Licht, das sich in den sachte heranrollenden und wieder abfließenden Wellen vielfältigst bricht. Diese Lichtspiele üben eine heilsame Wirkung aus. Bei hoher Dünung sieht man in der Gischt der sich brechenden Wellen oft Regenbogen. Der Mensch begegnet dem Element Wasser hier entweder als leicht gekräuselter Oberfläche, die Licht und Schatten deutlich voneinander absetzt, oder als gewaltigem Wellenschwall, der das Dunkel aus unergründlichen Tiefen hervorbringt. Es ist die Dynamik von Leben und Sterben, die Idee der ewigen Bewegung, die uns hier anspricht.

Weite Strände und klares Licht

Im Innern der relativ schmalen, etwa sechs Kilometer langen Nehrung dehnt sich ein großer Dünenstreifen aus, der dem Betrachter das Gefühl vermittelt, er befände sich in der Wüste. Oben auf den hohen Dünen zeichnet sich jenseits des Haffs das Festland ab; zur Seite wogt das endlose offene Meer. Sieben Kirchen lassen sich von hier oben ausmachen, darunter auch jene von Blakeney, deren zweiter schmaler Turm im Mittelalter als Leuchtfeuer diente.

Gelangt man aus der Welt der Dünen zur wissenschaftlichen Beobachtungsstation des Points, hat man das Gefühl, einem Forschungsstützpunkt isoliert irgendwo an einem abgelegenen Punkt unserer Erde zu begegnen. Das blaugraue Blechgebäude mit seinem kleinen Turm paßt genau hierher. Das »Lifeboat House« dient seit Generationen Studenten des University College in London zu Forschungszwecken.

Das »Lifeboat House«

In diesem »Lifeboat House« kann der Besucher im Sommer Tee trinken und sich anhand von Schautafeln über die Naturgeschichte des Points informieren. Hier legt auch die Fähre von Blakeney und Morston an, um ihre Passagiere zu einer kurzen Teepause an Land zu lassen.

An der Stelle des heutigen Gebäudes, das 1898 errichtet wurde, befand sich seit 1815 eine Seenotrettungsstation, deren Angehörige über hundert Schiffbrüchige dem nassen Tod entrissen haben. Geht man vom »Lifeboat House« weiter Richtung Westen zum äußeren Point – hierzu sind Stiefel erforderlich, wenn man nicht barfuß durch den Schlickgrund waten möchte –, trifft man mit Sicherheit auf die Seehunde. Sie haben sich hier zu einer der größten Kolonien der Nordsee angesammelt, die vor der Seehundepidemie von 1988 etwa siebenhundert Tiere zählte, während der Seuche auf zweihundert schrumpfte, jetzt aber wieder kräftig zunimmt. Nicht selten werden die Seehunde vom Point an anderen Stellen der Nordsee ausgesetzt, um die dort dezimierten Populationen zu verstärken.

Der Seehund ist ein ganz besonderes Tier: Zunächst einmal werden Sie bemerken, daß er neugierig ist. Wenn Sie am Strand des äußeren Points entlangwandern oder dort meditieren, kommt er sogleich angeschwommen und schaut Sie aus seinen dunklen Hundeaugen lustig an. Diese Augen sind laut Brehm eines geistigen Ausdrucks fähig und vermögen sogar Tränen zu vergießen – was ich jedoch bis jetzt noch nicht beobachten konnte. Immerhin gelten in England die Seehunde als Spielkameraden der Wasserwesen, etwa der Nixen, auch sie werden wie die Vögel als Seelentiere angesehen. Es lebt in ihrer Seele das Element des Wassers, das der Tiefe des Gefühls entspricht. Dem festen Boden dagegen sind die Tiere nicht so verbunden, dort wirken sie relativ unbeholfen. Zum Schlafen und Sonnenbaden allerdings begeben sie sich gern ans Land. Brehm schreibt über sie: »Ein am Land ruhender Seehund gewährt das ausdrucksvollste Bild ebenso großer Faulheit als Behäbigkeit. Namentlich wenn die Sonne scheint, liegt er überaus behaglich und auf lange Zeit hin vollkommen regungslos am Strande. Es sieht aus, als wäre er viel zu faul, um auch nur eine einzige Bewegung durchzuführen.«

Nähern Sie sich den am Strand liegenden Seehunden, nehmen diese schnell mit eigenartig wippenden Bewegungen Richtung Wasser Reißaus, in dem sie sofort alles Unbeholfene ablegen. In ihrem eigentlichen Element können sie es in jeder Lage mit der Beweglichkeit und Schnelligkeit eines Raubfischs aufnehmen. Wollen Sie die Seehunde aus der Nähe beobachten, dann sollten Sie die letzten zwanzig Meter auf allen vieren langsam auf sie zukriechen und dabei einen tiefen leisen Summton von sich geben. Wenn Sie sehr geduldig sind und in der Kolonie nicht gerade Junge großgezogen werden, können Sie bis auf drei Meter an die Tiere herankommen. Im Wasser hat man größere Chancen, Kontakt zu den Seehunden aufzunehmen. Schwimmt man in dem tiefen Kanal, der die Mündung des River Glaver – eines kleinen Flusses, der zwischen Cley und Blakeney im Meer endet – westlich vom Point bildet, dann kann man fast auf Tuchfühlung mit ihnen gehen. Allerdings sollte die Berührung ihrer Haut vermieden werden, da diese sich allem Anschein zum Trotz rauh wie Sandpapier anfühlt. Das Schwimmen im Kanal ist wegen seiner extrem starken Strömung nur geübten und starken Schwimmern zu empfehlen – man wird hier besonders bei Ebbe leicht ins Meer hinausgezogen.

Von der Weisheit der Natur zeugt die Fortpflanzung des Seehundes: Ein befruchtetes Weibchen vermag die Geburt zeitlich so einzurichten, daß es erst dann wirft, wenn genug Nahrung in der Kolonie vorhanden ist. Am Point werden die jungen Seehunde zwischen Juni und August geboren. Ein ausgewachsenes Exemplar benötigt gut fünf Kilogramm Fisch pro Tag, weswegen sich die Tiere bei den Fischern nicht gerade besonderer Popularität erfreuen.

Bei der Rückkehr vom Ausflug zum Point nach Cley kommt man auf der Küstenstraße am alten Haus »Flanders« vorbei. Der Name weist darauf hin, daß Cley im Mittelalter eine blühende Handelsstadt war, die besonders enge Verbindungen mit Flandern pflegte. Zu dieser Zeit legten die Schiffe noch am Kai bei der Mühle und der Kirche an. Für den Kampf gegen die spanische Armada stellten Cley und der heute winzige Ort Wiveton, der etwas landeinwärts von Cley liegt, die meisten Schiffe aller Küstenstädte zur Verfügung. Nach der Pest im 14. Jahrhundert wurde der Ort verlegt, dessen Mittelpunkt damals die sehenswerte Kirche bildete. Gleichzeitig versandete der Hafen dermaßen, daß zu Beginn des 19. Jahrhunderts nur noch kleine Kohlebarkassen aus Englands Norden hier anlegen konnten und ab etwa 1850 der Frachtschiffverkehr völlig zum Erliegen kam.

Im »Flanders« wohnt der bekannteste Vogelspezialist Englands, ein Expeditionsleiter, der die meisten und sicherlich seltensten Vögel der Welt gesehen hat.

Die Magie von Cley beruht abgesehen von seinen Gassen, in denen im Sommer und Herbst die Malven in allen Farben blühen, auf den Häusern aus Flintstein. Homöopathen sind der Meinung, daß das Leben in solchen Flinthäusern psychisch und physisch geschwächte Menschen wieder zu neuer Kraft und gestärktem Selbstbewußtsein verhilft. Eine Stärke, die besonders in der dunklen Jahreszeit gebraucht wird, wenn – wie die Einheimischen sagen – die Geister von den Marschen her den kleinen Ort bedrängen.

Häuser aus Flintstein

Vom Parkplatz in Cley aus gibt es zwei Wege zum Blakeney Point. Der eine, etwas kürzere, führt am Strand entlang und ist bei Ebbe ideal, da man dann auf Sandflächen laufen kann. Während der Flut muß man etwas länger als eine Stunde groben Strandkiesel überqueren, eine sehr beschwerliche Angelegenheit. Der andere Weg verläuft hinter dem Strandwall – landeinwärts – dem Haff entlang, wo im Spätsommer der Seespargel wächst, der bei Ebbe geerntet wird. Das hier als »samphire« bezeichnete Gewächs gilt als große Delikatesse der Gegend und ist leicht zu sammeln und zuzubereiten. Sie brauchen es nur nach gründlichem Waschen etwa zehn Minuten zu kochen und essen es dann mit etwas Butter. Der Seespargel atmet die Magie des Meeres, sagt man hier. In früheren Zeiten wurden große Mengen des Samphire gesammelt und verbrannt, da seine Asche der Glasherstellung diente.

DER »NATIONAL TRUST«
An der Küste Nordnorfolks gibt es noch weitere Haff-Nehrungsküsten, etwa jene bei Brancaster westlich des Blakeney Point, die allerdings längst nicht so einsam ist und auch nicht mit einem derartig vielfältigen Tierleben aufwarten kann.

Blakeney Point und das westlich vom Point gelegene Scolt Head Island, eine Vogelschutzinsel, die nicht betreten werden darf, sind im Besitz des National Trusts und werden von ihm geschützt. Die Organisation wurde 1895 gegründet, als die rapide Industrialisierung und steigendes Bevölkerungswachstum die Naturregionen Englands zunehmend bedrohten. Sie hat es sich zur Aufgabe gemacht, Landschaften besonderer Naturschönheit und auch Gebäude von hervorragendem historischem Interesse zu schützen und zu pflegen. Inzwischen gehören dem National Trust in ganz Großbritannien etwa siebenhundert Kilometer naturbelassener Küste, an der er versucht, einen Ausgleich zwischen Naturerhaltung und -pflege zu schaffen. Fast alle diese Gebiete

sind öffentlich zugänglich. Besonders abgelegene Plätze wilder Natur, beispielsweise große Teile des Lake Districts in der nordwestenglischen Grafschaft Cumbria, werden wie der Blakeney Point vor jeglicher Bebauung und Veränderung bewahrt. Der Blakeney Point wurde auf Initiative des National Trusts zu einer der wichtigsten schützenswerten Naturlandschaften in Europa erklärt und in die höchste Kategorie des internationalen Naturschutzes eingeordnet.

Der National Trust ist eine gemeinnützige Gesellschaft von etwa einer Million Mitgliedern, die mit Mitgliedsbeiträgen und Spenden die Aufgabe des Natur- und Kulturschutzes in England wahrnimmt.

In den Ruinen der Abtei von Binham stehen immer frische Blumen. Sie sollen den hier umgehenden Geist besänftigen

Wenn Sie mögen, können Sie jetzt einen Besuch von Warham Camp, einem vorrömischen Siedlungsplatz, anschließen. Sie fahren auf der Kü-

Im Badeort Cromer entwickelte der Arzt Edward Bach die nach ihm benannte Bach-Blüten-Therapie

stenstraße zurück nach Blakeney und dort auf der Straße nach Walsingham bis Binham. Hier nehmen Sie die Straße nach Wells, vorbei an der Binham Priory mit den Ruinen eines unter Heinrich VIII. zerstörten Klosters, bis Warham. Dort biegen Sie an dem Gasthaus »The Three Horseshoes« (Die drei Hufeisen) nach rechts den Hügel hoch ab.

Das Gasthausschild von »The Three Horseshoes« verdeutlicht, daß in England die Hufeisen andersherum als in Deutschland, und zwar mit ihrer Öffnung nach oben zeigend, aufgehängt und bildlich dargestellt werden. Weisen die Hufeisen wie bei uns üblich mit ihrer Öffnung nach unten, versteht der englische Volksglaube das als Unglück, da das Glück so keinen Halt mehr findet. Dieser Volksglaube hat das Wissen um die alten Fruchtbarkeitssymbole bewahrt, wobei die Hufeisen den Uterus symbolisieren, der das Ungeborene sicher umfängt. Die eiserne Kraft des Hufeisens soll gegen Mondsucht und Anfälle jeglicher Art schützen und das Haus vor allen bösen Geistern bewahren.

Auf der Straße rechts von dem Gasthaus fahren Sie über eine kleine Brücke und parken dann auf dem ersten Feldweg rechts.

Der alte Kreis zwischen Hecken – Warham Camp

Hier finden Sie ein altes verwittertes Holzschild »public footpath to Warham Camp«. Sie folgen nun zu Fuß einem Weg bis zum Camp, das zur Kuhweide des nahen Hofes gehört. Es handelt sich um einen wenig besuchten, abseits gelegenen Ort auf dem Privatgelände eines Bauernhofs; infolgedessen wird der Zugang nur über den ausgewiesenen Fußweg geduldet.

Warham Camp ist eine eisen- bis bronzezeitliche Siedlungsstätte und mit großen, relativ steilen Erdwällen kreisrund umgeben. Im Südosten öffnen sich die beiden konzentrischen Wälle langsam abfallend zum Bach hin. Der Siedlungsplatz selbst, ein großer flacher Innenraum, heute als kreisrunde Wiese von den Wällen eingerahmt, bot als Wohnstätte mit Viehweide und Bach im Süden ideale Bedingungen. Wenn man dazu noch berücksichtigt, daß die beiden Erdwälle auf ihrer Innenseite mit stachligen Büschen bewachsen waren, so ist die Vorstellung, daß die Anlage vor unliebsamen Besuchern sicher geschützt war, na-

Der doppelte Ring

heliegend. Ein runder Siedlungsplatz läßt sich erheblich leichter verteidigen, da es keine toten Winkel gibt.

Heute liegt über diesem Ort eine sehr offene, geradezu heitere Atmosphäre. Eingebettet inmitten ländlicher Natur, strahlt er eine große Ruhe aus.

Im Innenkreis von Warham Camp, das noch bis in die Römerzeit bewohnt war, stehen zwei große alte Bäume. Während der westliche abgestorben ist, hat der östliche bisher überlebt und wird von Krähen bevölkert, die den Engländern als heilige Vögel gelten. Von den beiden Wällen öffnet sich ein schöner Rundblick über diesen Teil der intensiv agrarisch genutzten Heckenlandschaft Norfolks.

Die Wälle Es lohnt sich, den Platz genau zu erspüren. Hier bietet sich vor allem der Einsatz der Wünschelrute an. Jeder der beiden Wälle, die entlangzuwandern ich Ihnen empfehlen möchte, hat seine eigene Sprache: Der äußere, erste Wall mag beim Rundgang den Eindruck vermitteln, daß man sich zwar draußen wähnt und dennoch meint, wie in einem Sog nach innen gezogen zu werden. Er wird Sie den relativ versteckten Bach im Süden entdecken lassen. Der zweite, innere Rundwall gibt den Blick über das flachwellige Land mit seinen klaren Linien frei. In der kreisrunden Innenfläche fühlt man sich sicher und geborgen.

Eine schöne Stelle zum Meditieren liegt rechts vom Durchgang durch die beiden konzentrischen Ringwälle am Hang des Innenwalls. Es handelt sich um einen sogenannten starken Platz, der Ruhe und innere Harmonie ausströmt. Sie können

Orte besonderer Naturmagie

die vor Ihnen liegende kreisrunde Kuhweide leicht als lichtvollen Kreis erfahren, als Mandala, dessen Rand Sie umschritten haben. Die Grenzabschreitung war in England ein Brauch, der in Cambridgeshire noch bis in die heutigen Tage gepflegt wird. Man spricht vom »Abklopfen der Grenze«, einem Ritual, das davon geprägt ist, die geomantischen Grenzen zu bewahren. Nur wenn wichtige Grenzen jährlich mindestens einmal umgangen werden, können sie Schutz bieten.

Sie haben den Kreis inmitten der Wälle umrundet und sich für Ihre Meditation vorbereitet. Jetzt können Sie Ihre Kontemplation auf den Kreis als urweiblichen Archetypus richten. Der weibliche Aspekt spielt in England eine besondere Rolle – was nicht nur in der Königin als Landesmutter zum Ausdruck kommt. England gilt unter Astro-

Eine Leyline, die die Kathedrale von Norwich mit Warham Camp verbindet, mündet in der Nähe von Cromer ins Meer

logen als Land des Krebses, womit wir wieder beim Prinzip der Mütter angelangt sind. Jede weiblich geprägte Gesellschaft wußte um die belebende Kraft des Phallus, und so wurden oftmals beim Umgehen der Gemeindegrenzen an den Eckpunkten phallische Steine oder Pfähle gesetzt, wenn man meinte, daß der mütterliche Schutz besonders gestärkt werden sollte.

Nehmen Sie sich Zeit für diesen alten Siedlungsplatz und seine Perspektiven. Warham Camp soll auf einer Neben-Leyline durch Norfolk liegen, die auch die Kathedrale von Norwich tangiert und östlich von Cromer an der Küste endet. Cromer ist ein heute etwas heruntergekommener Badeort, in dem Edward Bach lange als Badearzt praktizierte und seine Visionen und Einsichten über die Bach-Blüten gewonnen hat. Er sammelte seine Blüten an der Küste Nordnorfolks nicht weit von Cley next the Sea und dem Blakeney Point entfernt, in einem Gebiet, das noch heute wenig umweltbelastet ist, da sich keinerlei Industrie und auch keine Großstadt in seiner Nähe befinden.

Geister und wilde Tiere

Ein Geist kommt selten allein

Wohlbekannt ist Shakespeares Tragödie, in der Hamlet der Geist seines ermordeten Vaters erscheint. Aber Geist und Spuk sind keineswegs Merkmale ausschließlich früherer Zeiten – zumindest nicht in England. Das schöne viktorianische Herrenhaus »Woodfield« an der Weathercock Lane in Aspley Guise, Grafschaft Bedfordshire, bevölkern noch heute derart viele aktive Geister, daß der Besitzer freundlich bei der Finanzbehörde um Ermäßigung der Grundstückssteuer wegen fortwährender Störung durch Geister ersuchte. Jedoch wurde der Antrag mit der Begründung abgelehnt, daß die Anwesenheit von Geistern in alten Häusern üblich sei und deswegen keine Ausnahme gemacht werden könne.

In England sind besonders die kopflosen Geister beliebt, während der kontinentale Knochenmann hier selten gesichtet wird. Als Geist entstammt man zumeist dem Adel und bevorzugt das vornehme Ambiente der Landhäuser. Neben den kopflosen Adligen kann man auf Friedhöfen oft der Sünde verfallene Nonnen und Mönche selbst am Tage herumgeistern sehen – besonders dann, wenn sie zu ihren Lebzeiten das andere

Adlige Spukgestalten

Geschlecht mehr liebten als Jesus Christus oder die heilige Jungfrau. Als bevorzugtes Verkehrsmittel der Geister dürfte die schwarze Kutsche gelten, die nicht selten von Rappen, denen ebenfalls die Köpfe fehlen, gezogen wird. Haben Sie die Gelegenheit, in einem großen alten Haus zu übernachten, dann sollten Sie unbedingt eine Kerze anzünden, denn die Geister lieben es, Kerzen auszublasen. Heute würde es zwar eher geraten erscheinen, sich mit den Sicherungen zu beschäftigen, aber die englischen Geister sind besonders konservativ und altmodisch und in Sitte und Umgang an die Zeit gebunden, aus der sie stammen. Geister ziehen auch selten um. Im Gegensatz zum kontinentalen Hausgeist zeigt sich sein englisches Pendant auch ohne weiteres am Tage, denn es sucht beständig eine barmherzige Seele, von der es Erlösung erhofft. Sprechen Sie zu den Geistern, denn diese wollen durch die mitfühlende Zuwendung der Menschen befreit werden.

Wenn Sie sich jetzt fragen sollten, ob englische Geister wirklich existieren, so kann ich nur antworten, daß dies ganz von Ihrem Bewußtseinsstand, Ihrer Einstellung und Erwartung abhängt. Für den norwegischen Dramatiker Henrik Ibsen waren die Gespenster die Schatten der Vergangenheit, für den Schweizer Psychologen C. G. Jung galten sie als die zurückkehrenden Ahnen und zugleich als die im Außen erlebte eigene Innenwelt. Und was bedeuten sie für Sie?

Natürlich gibt es Geister – es fragt sich nur, wo!

Die bekanntesten Geister Englands

Es gibt zwei Adressen, wo die Wahrscheinlichkeit relativ groß ist, daß Sie den kalten Hauch der Anwesenheit von Geistern zu spüren bekommen: Borley Rectory (Borley, Grafschaft Essex) und Ross Hall (Beccles, Grafschaft Suffolk). Beide stehen in dem Ruf, die verzaubertsten Häuser ganz Englands zu sein.

Obwohl, wie der Geist Sunex Amures – so nennt er sich – voraussagte, Borley Rectory am 27. Februar 1939 ein Opfer der Flammen wurde, gilt heute das ganze Areal dieses Hauses, sein Garten und teilweise auch die nahe Straße als sein Revier. Er erscheint als Nonne, die häufig auf dem Friedhof von Borley gesehen wird. Nachdem das Haus abgebrannt war, lief die Nonne weiterhin im ersten Stockwerk herum, obwohl es dort keinen Boden mehr gab. Ab 1930 hatte sie die Wände des Hauses mit Nachrichten in gut leserlicher Schrift versehen, nachdem sie ein Jahr zuvor in die Schlagzeilen des »Daily Mirror« gekommen war, der den Geist von dem Spezialisten Harry Price untersuchen ließ. Im Gegensatz zu vielen ihrer Mit-Geister gilt sie als äußerst wissenschafts- und pressefreundlich und demonstriert die hohe Kunst des Spukhandwerks, wie Gegenstände durch die Luft fliegen zu lassen, Temperaturstürze hervorzurufen und selbst zu erscheinen. Sie läßt sich dabei gern fotografieren, wie sich auch ihre Zunftgenossen in Bisham Abbey, Grafschaft Berkshire, und im Bywater House (Boldre, Grafschaft Hampshire) nicht dagegen sträuben. Gleich den Geistern von Chilbolton in Hampshire und von Sheperton in Surrey hat auch die Nonne

Die Nonne von Borley Rectory

Sunex Amures einst ihr Keuschheitsgelübde gebrochen, weswegen man sie eingemauert hat. Sie ist dennoch ein derart aktiver Geist, daß sie besonders im 19. Jahrhundert täglich gesehen wurde und heute selbst beim Passieren von Borley Rectory im Auto gespürt werden kann.

Ross Hall in Suffolk ist ein altes Tudorhaus, in dem man den Fußabdruck des Teufels an der Wand bewundern kann, der mich jedoch nicht so beeindruckte. Hier sollten Sie am Heiligen Abend sein, um den kopflosen Kutscher zu treffen, der jedes Jahr mit seiner schwarzen Kutsche vorfährt. Im Gästezimmer und im Garten spuken noch einige andere Geister herum, die fast täglich, wenn nicht gesichtet, so doch gespürt werden.

Das Geisterschiff Wer Richard Wagners »Der Fliegende Holländer« liebt, dem sei unbedingt am 13. Februar 1998 eine Fahrt zum kleinen Ort Deal in der Grafschaft Kent angeraten, wo er sich in der Hafenkneipe nicht durch die Geschichte vom Hund, der dort übers Meer läuft, verwirren lassen soll. Das sind nur Ablenkungsmanöver! Schauen Sie lieber in Richtung der vor der Küste liegenden Untiefe Goodwin Sands, auf der das Schiff »Ladi Lovibond« mit Mann und Maus am 13. Februar 1748 unterging, weil der Kapitän seine Braut Annetta mit an Bord führte. Eine Frau auf einem Schiff gilt noch heute bei den englischen Fischern als eine unvorstellbare Herausforderung des Schicksals.

Von erstaunlich vielen unabhängigen Beobachtern wurde das Geisterschiff »Ladi Lovibond« seit 1798 genau alle fünfzig Jahre nach seiner Havarie gesehen.

Wenn Sie nicht die Geduld aufbringen, bis 1998 zu warten, können Sie jederzeit nach dem Raddampfer »Violet« Ausschau halten, einem Geisterschiff, das vor dieser Küste regelmäßig verkehrt. Während Sie mit Ihrem Fernglas das Meer absuchen, horchen Sie auf fernes Glockengeläut. Goodwin Sands wird nämlich für das versunkene Land Lomea gehalten, das im 11. Jahrhundert unterging und heute als beliebte Wohnstätte unter Geistern gilt.

Nun möchte ich Ihnen noch »The Wicked Lady« Catherine Ferrers vorstellen, die dem Club der bekanntesten Geister Englands angehört. Sie wohnt seit dem 17. Jahrhundert in Markyate Cell, einem Privathaus bei Weatherhampstead in der Grafschaft Hertfordshire. Es handelt sich um den Geist einer verschmähten Frau, die zur Straßenräuberin wurde und bei Ausübung ihres gefährlichen Handwerks einen Berufsunfall erlitt. Fast täglich kann sie in der Küche und auf den Treppen des Hauses gesehen werden. Wenn sie ihre Launen hat, wirft sie wie Sunex Amures mit Kerzenleuchtern, Plätzchen und Tee um sich. Auch Catherine Ferrers liebt die Publicity, sie erscheint meist dann, wenn sich viele Menschen im Haus zur Bewunderung ihres Treibens versammelt haben. Allerdings ist sie gefährlich, denn sie hat schon mehrere Male Feuer gelegt, das die Lebenden glücklicherweise rechtzeitig löschen konnten.

Ein Geist mit Sinn für Publicity

Da man Sie wohl kaum nach Markyate Cell einladen wird, brauchen Sie dennoch auf die böse Catherine keineswegs zu verzichten. Sie taucht sehr häufig am Nachmittag zur Teezeit auf einem schwarzen Pferd reitend auf, allerdings tödlich verwundet und gar nicht schön anzuschauen.

Geister lieben es edel – Der Adel geht um
Vor gar nicht so langer Zeit fand ich in der Zeitung ein betörend schönes Haus zum Verkauf angeboten. Ich rief den Makler an, der mir einen horrenden Kaufpreis nannte. Beim Nachfragen stellte sich heraus, daß in diesem Gebäude zwei seit dem 19. Jahrhundert nachgewiesene Geister residieren – was den hohen Preis für das Objekt erklärte. Man hat halt eben seinen Hausgeist, wie man auch dem Geist der Tradition in solchem Haus verpflichtet ist.

Als die erste Adresse nicht nur für englische Geister gilt Windsor Castle. In der Bibliothek pflegt Elisabeth I. (1558–1603), Tochter von Heinrich VIII. und Anne Boleyn, umzugehen. Ihr Vater liebt den Säulengang, und der verrückte Georg III. (König von England 1760–1820) schaut öfters aus einem der vielen Schloßfenster heraus. Jedoch sie alle werden von dem noch viel berühmteren Geist Herne the Hunter im uralten Windsor-Park in den Schatten gestellt, den schon 1529 Shakespeare in »Die lustigen Weiber von Windsor« erwähnte.

Es geht die Sage, daß der Jäger Herne König Heinrich VIII. das Leben gerettet haben soll, als ein angeschossener Hirsch mit seinem Geweih auf den König losging und Herne sich zwischen Hirschgeweih und seinen Herrn warf. Als er im Sterben lag, kam zufällig ein Zauberer vorbei, der kundtat, daß Herne gerettet würde, wenn man das Hirschgeweih an seinen Kopf bände. Herne wurde wieder gesund und der engste Freund des Königs. Als die anderen Jäger ihn eifersüchtig

Rechts:
Im normannischen
Castle Rising geht
der Geist der Königin
Isabella um

beim König verleumdeten, brachte er sich um; seitdem macht er regelmäßig mit Horn und Geweih den Windsor-Park unsicher. 1962 fanden Jugendliche ein Horn im Windsor-Park, bliesen hinein, und schon erschien Herne auf der Bildfläche.

Wer nun in Windsor Castle das Pech hat, keine Geister anzutreffen, der kann gleich gegenüber dem Wohnsitz der königlichen Familie den Geist der Großen der Welt in Madame Tussauds »Royalty and Empire Exhibition« mit Sicherheit für nur umgerechnet zwölf Mark spüren.

Zumindest drei Frauen von Heinrich VIII. haben sich schöne Geisterresidenzen ausgesucht: Anne Boleyn pflegt Blickling Hall (bei Aylsham in Norfolk), den Tower zu London und zugleich Marwell Hall (bei Owslebury in Hampshire) zu begeistern. Von Anne Boleyn erzählt man sich, daß sie sechs Finger an einer Hand gehabt habe, was ihrem Gatten unter anderem als Begründung diente, daß sie eine Hexe sei. In Marwell Hall geht auch Jane Seymour um, die gleichzeitig in Hampton Court bei London auftritt, während die edle Katharina von Aragon ganz allein in Kimbolton Castle (Grafschaft Huntington) und Peterborough herumspukt.

So sind die alten Herrscher Englands im Geistern vereint. Da fehlt auch nicht Königin Isabella, die Frau Eduards II., die in der sehenswerten normannischen Befestigungsanlage Castle Rising, Grafschaft Norfolk, 1328 als Gefangene ihres Sohnes umkam und seitdem dort einsam schreit und klagt. Georg II. (1727–1760) läßt sich öfters im

Links:
Schon der Aufgang zum Castle Rising wirkt unheimlich

Londoner Kensington-Palast am Fenster blicken, wie es auch Heinrich VI. (1422–1461) im Tower zu London, wo er beim Gebet erstochen wurde, praktiziert.

Der zynische Lord Byron (1788–1824), der große romantische Geist Englands, geht zusammen mit seinem Großvater, dem unglücklichen Seefahrer John Byron (1723–1786), in seinem Besitz Newstead Abbey um. Hier spukt ferner der Geist eines schwarzen Mönches, den Lord Byron selbst gesehen hat. Heute läßt Byron den romantischen Schriftstellergeist wieder aufleben, wenn er schreibend erscheint und sein Großvater lesend unter seinem eigenen Porträt sitzt. Die Dritte im Bunde ist der Geist der weißen Frau, eine Buchhändlerstochter, die in Lord Byron unsterblich verliebt war.

Wo spukt's in London?

London kann auf eine vorzügliche Auswahl der ungewöhnlichsten Geister verweisen. Mich fasziniert in der City besonders Holland House (direkt am Holland Park), heute eine Jugendherberge, die regelmäßig vom kopflosen Geist Lord Hollands heimgesucht wird. Die Spezialität des Hauses ist jedoch von ganz raffinierter Art: In diesem Haus kann man sich nämlich selbst als Geist begegnen. Medial veranlagte Personen behaupten, dies sei der einzige Ort der Welt, wo die Konfrontation mit seinem Doppelgänger möglich ist.

Der Kopflose und der Knoblauchgeist

Der berühmteste Geist Londons ist wohl »Old Jimmy Garlic«, der die Saint-James-Kirche am Garlic Hill (an der Queen Victoria Street) belebt. Im Mittelalter stand hier schon eine Kirche, vor der unter anderem Knoblauch verkauft wurde.

Sie fiel jedoch beim großen Brand von London im 14. Jahrhundert den Flammen zum Opfer. Der jetzige Bau wurde am Ende des 17. Jahrhunderts von dem großen englischen Architekten Sir Christopher Wren errichtet. Old Jimmy Garlic ist eine mumifizierte Leiche, die man bei Bauarbeiten an der Kirche im 19. Jahrhundert fand und in einer Vitrine ausstellte. Seit der Bombardierung der Kirche durch die Deutschen im Zweiten Weltkrieg, bei der eine Bombe den Glaskasten knapp verfehlte und glücklicherweise nicht explodierte, wurde Jimmy ruhelos. Er wird immer wieder von Besuchern gesehen.

Jeder Tourist schaut sich in London Westminster Abbey an, ohne zu ahnen, daß es hier von Geistern und Erscheinungen nur so wimmelt. Diese Kathedrale wurde im 13. Jahrhundert an der Stelle eines alten heiligen Waldes erbaut. Im 9. Jahrhundert wurde der heilige Petrus hier gesehen, der heute allerdings meist den Vatikan bevorzugt.

Geisterdorado Westminster Abbey

Man sollte sich nur abseits der Touristenströme halten. Möglicherweise wird einen dann Pater Benedictus ansprechen, ein Mönch, der sich gern gegen fünf Uhr nachmittags einsamen Touristen im Kreuzgang zugesellt. Vielleicht tritt dem ahnungslosen Besucher durch die Tür der Sakristei John Bradshaw entgegen, der unter Cromwell das Todesurteil für Karl I. unterschrieb. Als sehr gruselige Erscheinung gilt der oft gesehene unbekannte Soldat von den Schlachtfeldern Flanderns, der sich verwundet und dreckig durch die Kirche schleppt und die Grausamkeiten des Ersten Weltkriegs beschwört. Ferner ist noch die Turmuhr von Westminster Abbey verzaubert, seitdem der königliche Alchimist David Ramsay für alle Uhren dieser Kirche verantwortlich war. Immer wenn die Todesstunde eines Mitglieds der königlichen Familie naht, dann schlägt die »Old Tom« genannte Uhr plötzlich völlig unregelmäßig.

Auch die von Christopher Wren erbaute Saint Paul's Cathedral, die an der Stelle eines Diana-Tempels steht, ist von einem allerdings etwas scheuen Geist eines unbekannten Mönches bewohnt.

In »The Temple« am Themseufer (Embankment), der das Hauptquartier des Ordens der Tempelritter seit 1184 war, sieht man gelegentlich Geister umgehen, seitdem der Orden 1312 aufgelöst wurde. Bei allen ehemaligen Gebäuden der Templer scheint dies der Fall zu sein.

In der Hanbury Street geht Annie Chapman um, eine Prostituierte, die 1889 von Jack the Ripper ermordet wurde (den man übrigens nie fand).

Das Phantom im Theater Eine Spezialität Londons sind seine gut dokumentierten Theatergeister. Im Theatre Royale in der Drury Lane zum Beispiel gibt es den grauen Geist, dessen Anwesenheit den Erfolg eines Stückes ankündigt. Er erscheint immer am Tage zwischen zehn Uhr vormittags und sechs Uhr am frühen Abend. Ferner sind noch die Theater Adelphi und Lyceum (beide Strand), Alberti und Coliseum (beide Saint Martin's Lane) und das Haymarket Theatre (Haymarket, West End) für ihre oft sehr populären und gepflegten Geister berühmt.

Wenn gewaltsame und tragische Todesfälle Geistererscheinungen auslösen, dann muß der Tower zu London einer der größten Spukplätze Englands sein – was er auch ist. Folgende Geister wurden hier gesehen: »The long haired Lady« Anne Askew, die unter Heinrich VIII. hier wegen ihrer Ablehnung der Transsubstantiation zu Tode gefoltert wurde, Thomas Beckett, der für sein Erscheinen den Tag des heiligen Georg liebt, Anne Boleyn, die Countess of Salisbury, Eduard V. und der Duke of York (beide spazieren meist Hand in Hand im weißen Nachthemd herum), Heinrich VI., Henry Percy und Sir Walter Raleigh.

Die bekannteste Geschichte einer Verzauberung in London steht in Zusammenhang mit der Mumie einer Hohenpriesterin des ägyptischen Tempels Amon-Ra. Diese Mumie wurde 1860 von Douglas Murray erworben und unter dramatischen Umständen nach England gebracht. Vom Pressefotografen bis hin zu dem Transportfahrer hat die Tote vom Nil, die schließlich im Britischen Museum landete, jedem, der sie sah, Tod oder schwerstes Unglück gebracht (etwa dreizehn plötzliche und ungewöhnliche Todesfälle). Als sie 1912 nach New York für eine Ausstellung ausgeliehen wurde, ging sie mit der angeblich unsinkbaren »Titanic« auf dem Weg dorthin am 14. April jenes Jahres unter.

Der Fluch der Mumie

Der Hund von Baskerville und andere Unwesen

Treten in England Geister als Tiergestalten auf, so handelt es sich meistens um den schwarzen Hund, der nächtens einäugig in den Marschen Ostenglands umherstreunen soll. Dies jedenfalls war eine unter Schmugglerkreisen des 19. Jahrhunderts beliebte Geschichte gewesen, um Neugierige des Nachts von der Küste fernzuhalten. Um der Gruselstory Nachdruck zu verleihen,

Robin Hood's Bay – hier erzählt man von Schmugglern und schwarzen Geisterhunden. Robin Hood allerdings ist hier nie gelandet

setzte man dort wirklich schwarze Hunde aus, in denen die einfachen Leute dieser Gegend die Boten der Hölle erkannten. Großer Berühmtheit erfreut sich der »Schwarze Hund der Anderswelt«, ein häufig gesehener Geist der englischen Kanalinsel Guernsey.

Diese Volksüberlieferung hat den Freimaurer Sir Arthur Conan Doyle (1859–1930) dazu angeregt, seinen weltbekannten Kriminalroman »Der Hund von Baskerville« zu schreiben. Sir Arthur Conan Doyle, der Sohn des Karikaturisten Richard Doyle, der unter anderem das Titelblatt der satirischen Zeitschrift »Punch« entwarf, gab seine medizinische Praxis zugunsten einer Schriftstellerkarriere auf. Mit seinen Sherlock-Holmes-Erzählungen hatte er bald einen solchen Erfolg, daß er sich ganz seinem Hauptinteressengebiet, dem Spiritualismus, zuwenden konnte.

Durch »Der Hund von Baskerville« wurde der Glaube an den Geist in Gestalt eines Hundes weltweit populär.

Allerdings braucht der wilde Hund nicht immer böse zu sein, was der Geist des Gasthauses »The Black Dog« anschaulich vor Augen führt. Ein schwarzer Hund erschien einem Landarbeiter, der ihn mit dem Feuereisen zu erschlagen suchte, worauf das Tier verschwand und einen Haufen Goldmünzen zurückließ, mit denen der Tagelöhner das Gasthaus kaufte. Er nannte es aus Dankbarkeit »The Black Dog«. Der Hund kehrt hier als Geist regelmäßig ein und wurde zum Beispiel 1959 von drei Touristen an einem Abend deutlich gesehen. Wenn Sie nach Uplyme in der Grafschaft Devon kommen, sollten Sie in »The Black Dog« einkehren.

Neben den Hunden zählen noch besonders kopflose Pferde zu den gängigen Geistergestalten, die meist auch schwarz sind und selbst durch Häuser galoppieren.

Ganz besondere Geister

Den ältesten Geist Englands finden Sie sicher in Aylmerton, Grafschaft Norfolk, wo eine weiße Frau aus der Steinzeit noch heute im Ort nächtens und am frühen Morgen umgeht.

Ein ganz neuzeitlicher Geist ist der des englischen Autorennfahrers Percy Lambert, der oft auf der alten Autorennbahn von Brookland bei Weybridge in der Grafschaft Surrey von den Arbeitern der nahen Flugzeugfabrik gesehen wird. Lambert kam hier im Herbst 1913 bei einem Autorennen um.

Wer jetzt noch nicht genug hat, kann sich ja für eine Begegnung mit dem fürchterlichsten Geist Englands in London wappnen. Seine Adresse lautet: Berkeley Square 50. Dieser Geist ist so schrecklich wie formlos, daß einige unvorbereitete Passanten bei seinem Erscheinen der Schlag getroffen hat. Edward George Bulwer-Lyttons berühmte Geistergeschichte »The Haunted and the Haunters« spielt hier. Ist Ihnen das doch zuviel des Guten, sollten Sie es lieber mit dem am besten duftenden Geist Englands versuchen, der Sie möglicherweise im Londoner Gargoyle Club in der Dean Street beglückt – allerdings nur, wenn Sie Clubmitglied sind! Der Dichter Dylan Thomas berichtet neben vielen anderen von diesem Geist.

England – Ein Land
der Spiritisten und Geistheiler

Die höhere Ebene des Skurrilen –
Spiritualisten, eine Erfolgsautorin und
die königliche Familie

Der Engländer ist oft exzentrisch und skurril – so
lautet ein geläufiges Urteil der Deutschen. Dieses
Urteil, das meiner Erfahrung nach kein Vorurteil
ist, hat mich über den Kanal gelockt und mich in
»merry old England«, dem »lustigen alten England«, gehalten. Ich stellte nämlich schnell fest,
daß der Deutsche – sofern es solche Verallgemeinerung gibt – als älter werdender Mensch häufig
bieder wird, während der Engländer dagegen mit
zunehmendem Alter zur Exzentrik neigt. Ich würde sagen, der Engländer ist sich bewußter über die
Tatsache, daß man, immer älter werdend, nichts
mehr zu verlieren hat und sich individuell und
ganz echt geben kann. Dazu gehört auch, daß der
Engländer zum Tee mit Geistwesen wie mit
Freunden der Familie plaudert, daß er vor dem
Kaminfeuer die unerträgliche Leichtigkeit des
Seins unterhaltsam gestaltet, indem er die Botschaften der Feuerdevas liest, die diese in Form
der verglühenden Aschereste auf die Steine des
Kaminhintergrundes schreiben. Seit Alice A(nn)
Bailey (1895–1949) und den Blütezeiten der Ady-

ar-Gesellschaft im indischen Madras erfreuen sich Medien in den besseren Kreisen größter Beliebtheit.

Man ist in England einfach traditionell mit anderen Bewußtseinsebenen vertraut. In der Public School (dem in England verbreiteten Internat) hat jeder mindestens schon einmal aus Neugier an spiritistischen Sitzungen teilgenommen, wo die Tische sich aus unerklärlichen Gründen bewegten und die Schatten der Geister aus der Wand traten. Diese Verbindung zu höheren Ebenen des Bewußtseins bleiben in irgendeiner Form meist das gesamte Leben über bestehen, wie die Biographien des berühmten amerikanischen Filmstars Shirley MacLaine und der Erfolgsautorin und Stiefgroßmutter von Lady Diana, Barbara Cartland, zum Beispiel zeigen.

Der »grüne« Thronerbe

Auch Prinz Charles ist diese geistige Welt keineswegs fremd. Sein Berater Laurence van der Post hat ihm die Lektüre von Carl Gustav Jungs Werken nahegebracht. Ferner gehören zu seinem engsten Umfeld Patrick Pietroni, der aktive Verfechter der ganzheitlichen Medizin in England, und das Medium Dr. Winfried Rushworth. Der zukünftige englische König lebt seine Erfahrungen jedoch »down-to-earth« aus, das heißt, er steht mit beiden Beinen fest auf dem Boden, wenn er auf seinem Gut High Grove in Gloucestershire biologisch anbauen läßt und alternative Heilweisen (speziell die Homöopathie) in England unterstützt.

Skurriler und weitaus weniger der Erde verbunden sind für mich dagegen die vielen spiritistischen Kirchen, die es in ganz England gibt und von der »Spiritualist Association of Great Britain«

unterstützt und organisiert werden. Diese Organisation bezeichnet sich auf ihrem erstaunlich umfangreichen blauen Briefkopf als die größte Spiritistenvereinigung der Welt.

Wenn Sie in England sind, schauen Sie nur einmal im Telefonbuch unter »spiritualist church« nach. Sie werden bestimmt mindestens eine Versammlungsstätte vieler Exzentriker finden.

Das englische Wort »spiritualist« führt Deutsche oft in die Irre, da es »spiritistisch« und keineswegs »spiritualistisch« bedeutet. Die philosophische Richtung des Spiritualismus, der unter anderem die meisten Theosophen sowie andere Esoteriker und Spirituelle anhängen, ist ebenfalls in England überaus verbreitet. Es handelt sich um eine der Philosophie des deutschen Idealismus verwandte Richtung, die alle Wirklichkeit als Erscheinungsform des Geistigen versteht. Meines Erachtens ist der Spiritualismus eine genauso einseitige Richtung wie die Philosophie des Materialismus, dessen Schatten sie auch historisch darstellt. Dem einflußreichen Theosophen Franz Hartmann (1838–1912) zufolge handelt es sich beim Spiritualismus um eine Philosophie des Lebendigen, während der Spiritismus sich mit den Toten beschäftigt.

Spiritismus und Spiritualismus

Die Verwechslung beider Begriffe geht im Deutschen auf das überaus einflußreiche Buch des Engländers William Crookes (1832–1909) zurück, das unter dem falsch übersetzten Titel »Spiritualismus und die Wissenschaft« 1871 in Leipzig erschien. Das Werk ist jedoch ein Klassiker des englischen Spiritismus und nicht des Spiritualismus, der in der Thematik des Buches allerdings auch anklingt.

Um Ihnen jedoch das Bild einer echten englischen Exzentrikerin zu vermitteln, möchte ich Sie kurz mit Barbara Cartland bekannt machen – der englischen Dame des Jahres 1991. Das deutsche Publikum mag sich vielleicht an die skurrile Neunzigjährige aus der Talkshow von Thomas Gottschalk im Jahre 1991 erinnern.

Eine Skurrilität in Rosa Was ist das Besondere an dieser stockkonservativen Engländerin, die jeden Zeitgenossen von Rang persönlich kennt? Barbara Cartland veröffentlichte bis jetzt fünfhundertvierzig meist relativ gleichartige – wie sie es nennt: romantische – Romane. Um die Themen für diese Werke betet sie, allerdings scheint Gott mit seinen Eingaben sparsam umzugehen, bescherte ihr jedoch dafür das Wunder von fünfhundert Millionen Lesern weltweit. Das ist vielleicht gar nicht so erstaunlich für eine Autorin, die freudestrahlend öffentlich behauptete: »I don't bother about literature.« Daß sie zugibt, sich nichts aus Literatur zu machen, wirkt ja ganz herzerfrischend.

Barbara Cartland gehört zu den reichsten Frauen der Welt, und sie kleidet sich als Markenzeichen fast ausschließlich in Bonbonrosa (die englische Königinmutter nachahmend) oder bisweilen Türkis. Nachdem sie gleich nach der Öffnung des Tutanchamun-Grabes 1923 die Wandmalereien dort in jenen beiden Farben sah, schwor sie, nur noch rosa oder türkise Kleider zu kaufen. Sie legt dazu meist ein totenweißes Make-up und extra lange Aufklebewimpern an, die speziell für sie hergestellt werden – was ihr das Aussehen verleiht, als seien »zwei Krähen auf den Kreidefelsen von Dover notgelandet«. Sie färbt ihre Kunstwimpern nach eigenen Aussagen mit schwarzer Schuhcreme, da sie viel weint (wohl über das Unglück der bösen Welt) und Schuhcreme nicht streifig verläuft.

Barbara Cartlands Spezialitäten sind Sexualität und Liebe. Ihre Karriere begann beim Militär, wo sie jungen Frauen zunächst die richtige Unterwäsche besorgte, damit sie sich verführerisch weiblich fühlen konnten, und danach Hochzeitskleider, daß sich diese Frauen zumindest einmal im Leben wie eine Märchenprinzessin vorkamen. Sie selbst ließ sich erst nach ihrer Verlobung küssen. Diese Verlobung mußte sie jedoch auf der Stelle wieder auflösen, als sie von ihrer Mutter erfuhr, wie Kinder gezeugt wurden. 1963 veröffentlichte sie kühn eine Geschichte der Liebe, die im Gegensatz zu Deutschland, wo man sie als humoristisches Werk ansah, in England ihr wohl einziger Mißerfolg war.

Ihrer Autobiographie zufolge beschäftigte sie sich ausführlich mit der spirituellen Geschichte Indiens, das sie 1959 besuchte. Sie nennt eine große Bibliothek mit Büchern ostasiatischer Philosophie und Religion und über das Okkulte in aller Welt ihr eigen. Sie glaubt natürlich an den sechsten Sinn, den sie für einen alten Instinkt hält und zu dem sie guten Zugang besitzt. Ihre Glückszahl ist die Neun, die numerologisch in ihrem ganzen Leben eine wichtige Rolle spielte. Sonst liebt sie alltägliche Praktiken, die im Grenzbereich zwischen Magie und Aberglauben angesiedelt sind. Omen und Prophezeiungen beängstigen sie. Ganz im Sinne des positiven Denkens hält sie es für wichtig, »immer nach vorne zu blicken«, wie es Sir Winston Churchill auszudrücken pflegte.

Barbara Cartland bringt als skurrile Mutter ihren Leserinnen bei, daß man auf jeden Fall jungfräulich in die Ehe zu gehen habe, und scheint für den beliebten Ausspruch »No sex, please, we are British!« (Keine Sexualität bitte, wir sind britisch) verantwortlich zu sein – oder etwa nicht? Sie vertritt aber auch zugleich die Meinung, daß man sein Ego für den Dienst an der Gemeinschaft zu opfern habe.

Barbara Cartland verkörpert den magischen Ort in der englischen Psyche, der von einem Potpourri aus Magie, verdauter und halbverdauter Spiritualität, von Großmutter-Ethik und Skurrilität geprägt ist. Es ist der meist verborgene Ort, wo die so schön altmodischen romantischen und konservativen Bilder wild wachsen.

Geistheiler in England

Zu guter Letzt möchte ich die englischen Geistheiler hervorheben, die meist in der »National Federation of Spiritual Healers« organisiert sind. Etwas mehr als viertausend – meist ausgebildete – Geistheiler arbeiten über ganz England verteilt. Das ist einmalig in der westlichen Welt. Sie bieten teilweise ihre Dienste in Krankenhäusern an und arbeiten in privater Praxis. Falls Sie einen von ihnen auf Ihrer Reise besuchen wollen, melden Sie sich bitte mindestens einen Monat im voraus telefonisch oder brieflich an. Eine Adressenliste der wichtigsten Organisationen, über die Sie englische Heiler und Geistheiler kontaktieren können, finden Sie am Ende dieses Kapitels.

Alternative Medizin

Daß im Gegensatz zu Deutschland in England

die Geistheiler sehr angesehen sind und man ihre Leistungen auch offiziell in Krankenhäusern in Anspruch nehmen kann, geht auf das alte Gesetzeswerk Magna Charta von 1215 zurück, das jedem Engländer das Recht einräumt, zu heilen. Ein englischer Geistheiler braucht also nicht nachzuweisen, daß er keine Bedrohung für die Volksgesundheit darstellt, sondern es wird im Gegenteil davon ausgegangen, daß jedem englischen Staatsbürger heilerische Kräfte innewohnen – ob er sie nun einsetzt oder nicht.

Allerdings ist diese Tatsache der Ärztekammer und der Pharmaindustrie ein Dorn im Auge, und wäre da nicht Prinz Charles, der aktiv als Förderer der alternativen Medizin und der Geistheiler auftritt, hätte man auch in England unter Berufung auf die Gesetzessituation im übrigen Europa längst den Geistheilern ihr Tätigkeitsfeld eingegrenzt.

Als man während der letzten Jahre der Regierung Margaret Thatchers die Rechte der Geist- und anderen Heiler beschneiden wollte, startete Patrick Pietroni erfolgreich eine wirkungsvolle Kampagne zur Unterstützung der Geistheiler und der ganzheitlichen Medizin.

England ist das einzige Land Europas, in dem die Geistheiler mit solch weitgehenden Freiheiten ausgestattet sind, daß ein nicht unerheblicher »Geistheiler-Tourismus« die Folge war. Zu den in Deutschland namhaftesten englischen Geistheilern zählen Tom Johanson, Gaye Muir und die durch ihre Buchveröffentlichungen bekannten Heilerinnen Ursula Roberts und Coral Polge (die Frau von Tom Johanson), die aus Altersgründen nicht mehr heilen. Als einer der erfolgreichsten

Geistheiler Englands gilt zur Zeit der in unseren Landen wenig bekannte Mathew Manning.

Alle von mir kontaktierten englischen Geistheiler baten mich zu betonen, daß deutsche Besucher sich bitte über eine der drei unten angeführten Adressen an den betreffenden Heiler wenden sollten, die jede Anfrage schnell weiterleiten.

The National Federation of Spiritual Healers
Old Manor Farm Studio
Church St., Sunbury-on-Thames
Middlesex TW 16 6RG
Diese Organisation gibt auch eine Zeitschrift heraus.

Arthur Findlay College
Stansted Hall
Stansted Mountfitchet, Essex
Hier ist auch eine Ausbildung zum Geistheiler möglich.

The Spiritualist Association of Great Britain
Belgrave Square, London SW1X 8QB

Handauflegen und Fernheilung

Die meisten erfolgreichen Geistheiler verstehen sich als Kanal für kosmische Kräfte. Diese leiten sie durch Handauflegen oder andere Beeinflussungen der Aura in das menschliche Energiefeld, um ungeordnete Energien des menschlichen Körpers wieder zu ordnen. Eine Ausnahme stellte der berühmte Heiler Harry Edwards dar, der davon überzeugt war, daß er bei seinem Heilen durch Handauflegen den Geist von Louis Pasteur herbeirufen würde. Der verstorbene Harry Edwards heilte in Massenveranstaltungen von bis zu siebentausend Teilnehmern, und er beriet die königliche Familie wie auch viele englische Politiker. Durch ihn wurden die englischen Geistheiler weit über die Grenzen Englands und Europas hinaus bekannt. Einige englische Geistheiler wenden unter anderem die Technik der Fernheilung an, bei der meist positive Gedanken und Liebe auf den kranken Menschen gerichtet werden.

Welche Methode der Heiler auch immer bevorzugt – ob Handauflegen oder Fernheilung, oder ob man sich mit Theo Gimbel an den inneren Ort seiner Kraft begibt –, es ist letztlich immer die Liebe, jene »unlimited love« (unbegrenzte Liebe), die auch in Findhorn beschworen wird, die hier wirkt.

Wer sich einen Überblick über die verschiedenen ganzheitlichen Heilmethoden, die in England praktiziert werden, verschaffen möchte, der kann dies am einfachsten jedes Frühjahr auf dem Body-Mind-Spirit Festival in London tun. Auf dieser wohl größten »Heiler-Messe« der Welt kann man sich nicht nur informieren, sondern auch an vielen meist kostenlosen Demonstrationen teilnehmen und leicht Kontakte zu Heilern finden. Über das Heil- und Workshop-Angebot in London gibt am besten das Neal's Yard Centre Auskunft.

Neal's Yard Agency
Covent Garden, London WC2H 9DP
Tel.: 071-3790141, Fax: 3790135

Adressen von Heilern in England:

AROMATHERAPIE:
International Federation of Aromatherapists
4 Eastmearn Rd., West Dulwich
London SE21 8HA

BACH-BLÜTEN-THERAPIE:
Dr. Edward Bach Centre
Mount Vernon, Sotwell
Wallingford, Oxon OX10 0pz

FARBHEILEN:
Hygeia Studios
Brook House, Avening
Tetbury, Glos.

Klausbernd Vollmar
Cobblestones, Cley, Holt
Norfolk NR25 7RE

HOMÖOPATHIE:
British Homoeopathic Association
27a Devonshire St.
London W1N 1RJ

KRÄUTERKUNDE:
National Institute of Medical Herbalists
9 Palace Gate, Exeter, Devon EX1 1JA

Literaturverzeichnis und wichtige Adressen in England

Über England gibt es ein unüberschaubares Buchangebot. Ich führe hier nur solche Titel auf, die ich zur weiteren Information empfehlen kann und die mir selbst wichtig waren.

Ashe, Geoffrey: The Quest for Arthur's Britain. Pall Mall Press 1968 oder Paladin Paperback
Aubrey, John: Stonehenge – A Temple Restored to the British Druides. 1740
Bord, Janet & Colin: Mysterious Britain. London et al. 1974
Bord, J. & C.: The Secret Country. More Mysterious Britain. London et al. 1983
Bord, J. & C.: A Guide to Ancient Sites in Britain. London et al. 1984
Bord, J. & C.: Earth Rites. London et al. 1982
Bord, J. & C.: Sacred Waters. Holy Wells and Water Lore in Britain and Ireland. London et al. 1985
Botheroyd, Paul F. & Sylvia: Schottland, Wales und Cornwall. Auf den Spuren von König Artus. München 1988
Burton, Robert: Anatomie der Melancholie. Über die Allgegenwart der Schwermut, ihre Ursachen und Symptome sowie die Kunst, es mit ihr auszuhalten. München 1991
Carr-Gomm, Philip: The Elements of the Druid Tradition. Shaftesbury 1990
Cartland, Barbara: I Search for Rainbows. London 1967
Chaucer, Geoffrey: Canterbury Tales. Die Canterbury Erzählungen. München 1989
Clarus, Ingeborg: Keltische Mythen. Der Mensch und seine Anderswelt. Olten/Freiburg 1991

Coghlan, Roman: The Encyclopedia of Arthurian Legends. Shaftesbury 1991

Cohen, Daniel: Encyclopedia of Ghosts. London 1989

Delgado, Pat/Andrew Colin: Kreisrunde Zeichen. Eine Untersuchung des Phänomens der spiralförmig flachgelagerten Bodenmuster in Kornfeldern. Frankfurt 1991

Dunn, Michael: Walking Ancient Trackways. London 1986

Ende, Michael: Die unendliche Geschichte. München 1989

Fortune, Dion: Magisch Reisen – Glastonbury. Das englische Jerusalem – Avalon und der Heilige Gral. München 1991

Goethe, Johann Wolfgang von: Die Wahlverwandtschaften. München 1988

Herm, Gerhard: Die Kelten. Das Volk, das aus dem Dunkel kam. Düsseldorf, Wien 1975

Hill, Roland/Karhoff-Tate, Judith: Englands Süden. München 1990

König Artus und seine Tafelrunde. Europäische Dichtung des Mittelalters. Stuttgart 1980

Malory, Thomas: Die Geschichten von König Artus und den Rittern seiner Tafelrunde. Frankfurt 1977

Markale, Jean: Die keltische Frau. Mythos, Geschichte, soziale Stellung. München 1984

Markale, Jean: Die Druiden. Gesellschaft und Götter der Kelten. München 1991

Matthews, John: The Elements of the Grail Tradition. Shaftesbury 1990

Maurier, Daphne du: Cornwall Saga. Zürich 1984

Moss, Peter: Ghosts over Britain. London 1977

Niel, Fernand: Auf den Spuren der Großen Steine – Stonehenge, Carnac und die Megalithen. München 1977

North, Richard: Wild Britain. The Century Book of Marshes, Fens and Broads. London 1983

O'Brien, Christian: The Megalithic Odyssey. A Search for the Master Builders of the Bodmin Moor Astronomical Complex of Stone Circles and Giant Cairns. Wellingborough 1983

Pennick, Nigel: Die alte Wissenschaft der Geomantie. Der Mensch im Einklang mit der Erde. München 1982

Pennick, N.: Einst war uns die Erde heilig. Die Lehre von den Erdkräften und Erdstrahlen. München 1990

Perpere, Jean-Claude: Redende Steine – Die geheimnisvollen Monumente der Megalithkulturen. München 1981

Piggott, Stuart: The Druids. Penguine Books 1978

»Praline« 33, 19.09.1991

Randles, Jenny/Paul Fuller: Kreise im Kornfeld. Ein Mysterium wird aufgeklärt. München 1991

Reden, Sybille von: Die Megalith-Kulturen – Zeugnisse einer verschollenen Kultur. Köln 1978

Rees, Alwyn & Brinley: Celtic Heritage. London 1961

Schwabe, Julius: Archetyp und Tierkreis. Grundlinien einer kosmischen Symbolik und Mythologie. Basel 1951 (Reprint 1987)

Senior, Michael: Myths of Britain. London 1979

Sills-Fuchs, Martha: Wiederkehr der Kelten. München 1983

Toulson, Shirley: East Anglia. Walking the Ley Lines and Ancient Tracks. London 1979

Vollmar, Klausbernd: Fahrplan durch die Chakren. (Rowohlt) ^{3}1991

Vollmar, Klausbernd: Katz-und-Maus-Spiel mit dem menschlichen Geist. Über Kornkreise. In: Spuren, Nr. 20. Fällanden/Schweiz 1991

Uxley, Francis: The Dragon. New York 1979

Watkins, Alfred: The Old Straight Track. Hereford 1925, Nachdruck London 1970

Weigant, Hans: Einsame Steine. Freiburg 1987

Welfare, Simon & Fairley, John: Arthur C. Clarke's Mysterious World. London 1980

Westwood, Jennifer: Albion. A Guide to Legendary Britain. London et al. 1985

Wright, Geoffrey N.: Discovering Abbys and Priories. Merlins Bridge 1979

Wichtige Adressen in England:

An Druidh Uileach Braithreachas/The Order of Bards, Ovades and Druids (The Secretary, OBOD, 260 Kew Rd., Richmond, Surrey TW9 3EG)

British Society of Dowsers
(Wünschelrutengänger-Vereinigung)
Sycamore Cottage, Hastingleigh, Ashford/Kent

»Kindred Spirit«.
The Holistic Journal for Body Mind & Spirit
(ganzheitliches, der humanistischen Psychologie verbundenes Magazin)
Foxhole, Dartington, Totnes/Devon TQ9 6EB

»Psychic News«
(Zeitschrift, die über Medien in England berichtet)
No. 2 Tavistock Chambers, London WC1A 2SE

»The Ley Hunter«, Paul Devereux
(Zeitschrift, die regelmäßig über alte Kultplätze und Kraftlinien berichtet)
P.O. Box 92, Penzance/Cornwall TR 18 2 XL
Diese Zeitschrift kann auch in Deutschland bezogen werden.

Reisen:
Peter Dawkins, der fähig ist, Kraftlinien zu erkennen, unternimmt Reisen in die ganze Welt, um Natur und Landschaft zu heilen. Kontakt:

Peter Dawkins
Roses Farmhouse, Epwell Rd., Tysoe Warwick, CV 35 OTN, 0295-888185

Register

Abteien siehe Klöster
Adam (Urvater) 71, 88 f.
Adonis (griech. Mythol.) 164
Agra 142
–, Taj Mahal 142
Aidan (kelt. Heiliger) 117 f., 122 ff.
Alban (kelt. Heiliger) 117
Alkborough 29 f.
Allerford 76 (siehe auch Exmoor)
Alton Barnes 71
Amesbury 71
Äneas (griech.-röm. Mythol.) 27
Ánstey 76 (siehe auch Exmoor)
Aphrodite (griech. Mythol.) 164
Apollo (griech. Mythol.) 73
Ariadne (griech. Mythol.) 28
Arianrhod (kelt. Mythol.) 170
Aristoteles 165
Arthur siehe Artus
Artus, König (Sagenfigur) 5, 35 f., 71, 77, 88, 90 f., 97, 99, 102 f., 105, 111, 114 f.
–, histor. Figur 104 f.
Asterix (Comic-Figur) 34, 87

Atkinson, J. J. C. 36
Atlanter (sagenh. Volk) 35, 108
Atlantis (sagenh. Insel) 72, 133
Aubrey, John 34 f., 41
Audley End 13
August von Frankreich 105
Augustin von Canterbury (Heiliger) 126
Avalon siehe Glastonbury
Avebury 21, 25, 34 f., 39 ff., 45, 54 f., 71 f., 78
–, »Kennett Avenue« 45
–, Overtone Hill »Sanetuary« 43
–, Silbury Hill 40
Aylsham 133

Bach, Edward 180, 184
Bacon, Sir Francis 15
Bailey Alice A(nn) 201
Barle (Fluß) 60 f., 76 f., (siehe auch Exmoor Forest)
Barnstaple 82
Bath 125, 144
Beacon (Berg; siehe auch Exmoor Forest) 82
Beda Venerabilis 66, 142 f.
Bedforshire 13, 185
Belgen, siehe Kelten
Belinus, König (Sagenfigur) 69

Bellini, Vincenzo 83
Benediktiner (Orden) 72, 110, 134
Berkshire 19
Berrowbridge 92
–, Arthur's Bed 92
–, Smallacoombe Downs 92
Beuno (kelt. Heiliger) 132 f.
Bhagwan Osho 163
Binham 139, 179 f
–, Abtei 179 f.
–, »The Three Horseshoes« 180
Blackmore, Richard Doddridge 138
Blake, William 35, 88
Blakeney 151, 166 ff., 173 ff., 180
– Point 151, 166 ff., 172 ff., 176 ff., 184
– –, »Lifeboat House« 178
– –, Scolt Head Island 178
Blenheim Castle 12 f., 88
Blickling Hall 11, 153, 155, 157, 159, 193
Bodmin Moor 15, 84, 91
–, Berrobridge 92
–, Druid Chair 84
–, Saint Cleer 91
Boleyn, Anne 139, 190
Bord, Colin und Janet 46, 50
Boscobel 13

Boroughbridge 32, 46
Brancaster 178
Brehm, Alfred 175
Bretagne 105
Bristol 66
Britannien 35, 50, 69, 85, 126
Briten 5, 9, 16 f., 34, 39
Brontë, Anne 149 f.
Brown, Capability (Lancelot) 11 ff.
Brunnen:
  Chalice Well 108, 115 f., 125
  Saint Augustine's Well 54, ,126 ff.
  Saint Gulval 125
  Upway 128
Brythonen siehe Kelten
Buddhisten 25
Bulwer-Lytton, Edward George 200
Burton, Robert 104
Bury Castle 78 (siehe auch Exmoor Forest)
Bury Saint Edmund's 72

Cadbury 92, 104
Cambridge 24, 66
–, Heiliges Grab (Kirche) 24
Cambridgeshire 19, 183
Camel (Fluß) 90 f., 93
Camelford 90 f., 93
Camelot (Artus-Schloß) 92 f., 95
Canterbury 71
Caractactus (König) 80
Caratactus Stone, 79 f., 82 (siehe auch Exmoor Forest)
Cartland, Barbara 202 ff.
Cäsar, Gaius Julius 86 f., 102
Castle Ashby 13
Castle Dore siehe Tintagel
Castlerigg 43 ff.

Castle Rising 191 ff.
Cerne Abbas 51, 54, 126 f.
– – Giant 19, 51 ff.,
– – Giant Hill 19
–, Friedhof 126
–, Saint Augustine's Well 54, 126 ff.
Chapman Barrows 82 (siehe auch Exmoor Forest)
Charles, Prinz von Wales 202, 207
Chartres 28, 116
Chateaubriand, François, René 105
Chaucer, Geoffrey 121, 151
Cheesewring 71
Chester 66
Chiltern 73
Chinnor 73
Chipping Norton 33
Christen 24 f., 28, 34, 52, 103, 117 ff., 122, 126, 131 ff., 135 ff., 139 ff., 144 ff., 149 ff., 163
–, Puritaner 140
Christentum siehe Christen
Churchill, Sir Winston 88, 205
Clearbury Ring 57 f., 71
Cley (next the Sea) 151, 158, 166 ff., 176 f., 184
–, Haus »Flanders« 176 f.
–, »Nancy's Cafe« 169
–, »St. George and the Dragon« 169
–, Windmühle 158, 166 f., 176
Cley Hill 10
Coleridge, Samuel Taylor 137 f.
Comlan 104, 107
Comper, Sir Nimian 143
Coon, Robert 116
Cooper, Joan 133

Cornwall 15, 33 f., 47, 50 ff., 71, 82, 90 f., 89, 100 f., 103 f., 125, 128 f., 156
Crookes, William 203
Cromer 180, 183
Cromwell, Oliver 15, 77, 140, 195
Culbone 131 ff., 135 ff. (siehe auch Exmoor Forest)
–, Friedhof 138
–, Grab 137
–, Kirche 135 ff.
—Stein 135
—Trust 137
–, Wassermühle 136
Cumbria 43, 179
Cuthbert (kelt. Heiliger) 117 ff., 122 f., 141 ff.
Cynfawr, corn. König 102

Dänen 57, 110
Dante Alighieri 164
Deutsche 16 f., 195, 201 ff.
Deutschland 18, 180, 205, 207
Devereux, Paul 65
Devil's Arrow 32, 46
Devil's Bridge siehe Tarr Steps
Devon 24, 82
Diana, Lady 202
Dillon, Myles 84
Diodor 83
Diokletian, röm. Kaiser 74, 117
Dionysos (griech. Mythol.) 164
Djoser, Pharao 40
Dorchester 54, 128
Dorset 19, 29, 51, 66, 126, 128
Dover Castle 90
Doyle, Richard 198
–, Sir Arthur Conan 18, 198

Druiden 19, 34 f., 41 f., 50, 75, 83 ff., 88, 105, 107, 109 f.
–, »Internationale Weltloge der –« 88
Dulverton 76, 78, 81 f. (siehe auch Exmoor Forest)
–, Exmoor House 82
Dunstable 66 f., 73
Durham 119, 122 ff., 131, 141
–, Kathedrale 119, 122, 131, 141 ff.

Eduard der Bekenner, angelsächs. König 72
Eduard I., engl. .König 66 f., 75, 105
Eduard III., engl. König 74
Eduard (Heiliger) 126
Edwards, Harry 208
Egbert von Wessex 91
Eleanor, engl. Königin 66 f.
Eliade, Mircea 121
Elisabeth I., engl. Königin 13
Elisabeth (Heilige) 164
Ely (Kathedrale) 145
Engländer siehe Briten
Erdbefestigungen:
 Bury Castle 78
 Clearbury Ring 57 f., 71
 Figsbury Ring 54 ff., 71
 Fowey 100 ff.
 Grim's Ditch 73
 Old Sarum 54 f.
 Warham Camp 55, 179, 181 f.
Erdwälle siehe Erdbefestigungen
Ermine Street 29, 66 (siehe auch Königsstraßen)
Essex 13, 52, 142
Eva (Urmutter) 40, 83

Exmoor Forest 15, 60, 64, 75 ff., 80 ff., 132 ff.
–, Allerford 76
–, Anstey 76
–, Barle (Fluß) 60 f., 76 f.
–, Beacon (Berg) 82
–, Bury Castle 78
–, Caractactus Stone 79 f., 82
–, Chapman Barrows 82
–, Culbone 131 ff., 135 ff.
–, Dulverton 76, 78, 81
–, Kingsfort Gate 76
–, Liscombe 82
–, Minehead 76
–, Mole Chamber 76
–, Porlock 134
–, Sandway 76
–, Tarr Steps 60 ff., 82
–, Wheddon Cross 82
–, Winsford 61
–, Withypool 76 f., 81, 134
–, – Hill 75
Exmoor Ridgeway 82

Figsbury Ring 54 ff., 71
Findhorn 122, 161, 209
Flandern 176, 195
Fortune, Dion 106
Fossy Way 66 (siehe auch Königsstraßen)
Fowey 100 ff.
Fowles, John 35, 38
Frankreich 74, 77, 85, 99
Franz von Assisi 119
Freimaurer (Loge) 18, 94
Friedhöfe:
 Cerne Abbas 126
 Culbone 138
 Holme 24
 Scarborough 149 f.
 Stoke Saint Mary 24
 Totteridge 24

Galahad, Ritter (Sagenfigur) 102, 115
Gälen siehe Kelten

Geister siehe Spukgestalten
Geistererscheinungen siehe Spukorte
Geistheiler 206 ff.
Geoffrey of Monmouth 69, 90, 98
Georg (Heiliger) 73 ff.
Getreidekreis(e) siehe Kornkreis(e)
Gildas (Heiliger) 115
Gimbel, Theo 209
Ginevra, Königin (Sagenfigur) 91, 97, 99, 111, 115
Giotto (di Bondone) 23
Glassock, Frederick 94
Glastonbury 39, 71, 78, 87, 91, 104 ff., 109, 116, 125, 133, 139, 141, 144
–, Abtei 86, 105, 107, 110 f., 114, 133
–, Chalice Hill 108
–, Chalice Well 108, 115 f.
–, Tor (Hügel) 10, 71, 108 ff., 115 f.
–, Wearyall Hill 108
Glaver (Fluß) 176
Gloucestershire 202
Godstone 71
Goethe, Johann Wolfgang von 12, 35, 159
Gogmagog giant 19
Goring 73
Gorlois, König (Sagenfigur) 99
Gottschalk, Thomas 204
Gräber:
 Arthur's Bed 92
 Arthur's Quoit 91
 Culbone 137
 Lanyon Quoit 48 ff., 129
Grafschaften:
 Bedfordshire 13
 Berkshire 19
 Cambridgeshire 19, 183

Cornwall 15, 33 f., 47, 50 ff., 71, 82, 90 f., 99 ff., 128 f.
Cumbria 43, 179
Devon 24, 82
Dorset 19, 29, 51, 66, 126, 128
Essex 13, 52, 142
Gloucestershire 202
Herefordshire 63 f.
Kent 66
Lincolnshire 29, 66
Norfolk 11, 19, 73, 89, 139 f., 144, 151 ff., 168 ff., 172 ff.
Northamptonshire 13
Northumberland 118 ff.
Oxfordshire 13, 21, 33
Shopshire 13
Somerset 15, 24, 90, 104, 131, 139, 144
Staffordshire 13
Sussex 12, 19
Wessex 125
Greenwich 35
Gregor I. (der Große), Papst 126
Griechen 27, 162, 164 f.
Griechenland 73
Grim's Ditch 73
Guillaume de Lorris 162

Haddon Hill 78 (siehe auch Exmoor Forest)
Hampton Court 13, 28
Harewood 13
Hartmann, Franz 203
Hastings 105
Hegel, Georg Wilhelm Friedrich 10
Heine, Heinrich 9
Heinrich II., engl. König 111
Heinrich III., engl. König 105
Heinrich VIII., engl. König 13, 57, 92, 110 f., 122, 139, 180, 190, 193, 197
Hepworth, Barbara 51
Hereford 65
–, Museum 65
Herefordshire 63 f.
Herkules (griech-röm. Mythol.) 52
Herm, Gerhard 88
High Grove (Landgut) 202
Hill, Sir Rowland 88
Hippolytus (griech. Mythol.) 102
Holme 24
Holt 151, 153, 165
Holy Island siehe Lindisfarne
Homer 171
Humber (Fluß) 29

Ibiza 19
Ibsen, Henrik 186
Icknield Way 66, 73, 82 (siehe auch Königsstraßen)
Igerna, Königin (Sagenfigur) 98 f.
Indien 85, 205
Iona (Insel) 118, 122
Irland 31, 48, 118
Isolde, Königin (Sagenfigur) 98 ff.

Jack the Ripper 196
Jekyll, Gertrude 121
Jerusalem 59, 146
Jesus Christus 27, 109, 133
Johann I. (ohne Land), engl. König 59
Johansen, Tom 207
Jones, Inigo 35
Joseph von Arimathia 108, 110, 133, 141
Joy, William 145
Judäa 108
Julius (Sohn von Äneas) 27
Jung, Carl Gustav 26, 30, 42, 110, 121, 186, 202
Jünger, Ernst 88

Kailash (Berg) 26, 116
Karl I., engl. König 195
Karl II., engl. König 77
Katharine von Aragon 139
Kathedralen und Kirchen:
Culbone 135 ff.
Durham 119, 122, 141 ff.,
Heiliges Grab (Cambridge) 24
Lichfield 66
Little Maplestead 24
Ludrow Castle 24
Saint Alban's 117
Saint Paul's Cathedral (London) 24, 146
Salisbury 57 ff., 71, 140 f.
Wells 144 ff.
Westminster Abbey 31
Kelten 85 f., 89, 104 f., 107 ff., 125, 132
—kreuze 128 ff.
Kent 66
Kent, William 14
Keswick 43
Kew Gardens 12
Kingsfort Gate 76 (siehe auch Exmoor Forest)
Klöster:
Binham 179 f.
Glastonbury 39, 71, 86, 105, 107, 110 f., 114, 131, 133, 139 f., 144
Lindisfarne 118 ff., 122 f., 129 f., 132, 140
Saint Michael's Mount 71 f., 109
Knolehouse 71

Knut, dän. König 57
Köln (Dom) 39
Konfuzius 148
Königsstraßen:
  Ermine Street 66
  Fossy Way 66
  Icknield Way 66, 73
  Watling Street 66
Kornkreis(e) 9 f., 22, 40, 71, 90, 125
Kraftlinie(n), siehe Leyline(s)
Kreta 28

Lake District 43 f., 179
Lancaster (Adelsgeschlecht) 165
Land's End 50, 71, 131
Lanzelot, Ritter (Sagenfigur) 97, 99
Lanyon Quoit 48 ff., 129
Leipzig 203
Leo X., Papst 139
Leodegrance, König (Sagenfigur) 99
Lewknor 73
Ley Hunters 76
Leyline(s) 58, 63 ff., 68 ff., 73, 76, 88, 109, 183 f.
Lichfield (Kathedrale) 66
Lincolnshire 29, 66
Lindisfarne 118 ff., 122 ff., 129 f., 132, 140
–, Bamburgh Castle 118, 120
–, Castle 118, 120
Liscombe 82 (siehe auch Exmoor Forest)
Littlecote 13
Llud, König (Sagenfigur) 67 f.
Lochstein(e) siehe Men-an-Tol
Lockerigde 71
London 13, 24, 67, 87, 99, 123, 174, 199 ff., 209

–, Britisches Museum 84, 123, 187
–, Covent Garden 87
–, Saint James's Church 134 f.
–, Saint Paul's Cathedral 24, 196
–, Westminster Abbey 31, 195 f.
Longleat 13
Longspee, William 59
Lowestoft 72
Ludrow Castle 24
Luther, Martin 139
Luton 29, 67
– Hoo 13
Lyonesse (sagenh. Land) 72

MacLaine, Shirley 202
Madras (Adyar-Gesellschaft) 202
Madron 48, 129
Maiden Castle 29
Maidenstone 71
Malory, Sir Thomas 90, 92, 98
Manning, Matthew 208
Mannington Hall 152 ff., 156 ff., 160 f., 164 ff.
Marazion 72
Maria (Gottesmutter) 14, 56, 147, 163
Marke, König (Sagenfigur) 98 ff.
Marlborough 89
Maurier, Daphne du 51, 102
Melrose (Abtei) 118
Melwas, König (Sagenfigur) 115
Men-an-Tol 25, 36, 45 ff., 50, 55, 129
Meredith, Allen 24
Merlin, Zauberer (Sagenfigur) 83, 89 f. 93, 99, 102 f., 105, 111, 157

–, Grab von siehe Marlborough
Michael (Erzengel) 72 ff., 110
Michel, Aime 70
Minehead 76 (siehe auch Exmoor Forest)
Minions 34
Minotauros (griech. Mythol.) 27 f.
Mithras (pers. Mythol.) 148
Mole Chamber 76 (siehe auch Exmoor Forest
Möller, J. H. 74
Mont-Saint-Michel 72
Moore, Henry 51
Mordred, Artus' Neffe (Sagenfigur) 90, 104
Morgana, Fee (Sagenfigur) 105, 107 f., 110
Morston 168, 174
Morvah 129
Mount Bardon 104
Muir, Gaye 207
Murray Douglas 197
Mutter Shipton siehe Sonteil, Ursula

»National Federation of Spiritual Healers« 206
»National Trust« 167, 178
New-Age-Bewegung 106
Newmarket 73
New Sarum siehe Salisbury
New York 197
»Nine Maidens« 34
Norfolk 11, 73, 80, 125, 139 f., 144, 151 ff., 156 ff., 168 ff., 172 ff., 176 f., 180 ff.
Normandie 105
Normannen 57, 87, 105
Northampton 24
–, Little Maplestead 24
Northamptonshire 13

Northumberland 118 ff.
Norwich 18, 153, 166, 183 f.
–, Kathedrale 19, 183 f.

Obelix (Comic-Figur) 34
Old Sarum 54 ff., 60, 71 (siehe auch Salisbury)
–, Kathedrale 56 f.
»Old Straight Track Club« 65
Olivet, Fabre d' 89
»Orden zur goldenen Morgenröte« 25
Osmund (Ratgeber Wilhelms I.) 57
Oswald der Heilige, König 118, 142
Overtone Hill »Sanctuary« 23, 43 (siehe auch Avebury)
Oxford 12, 66 f., 73
Oxfordshire 13, 21, 33

Parzival, Ritter (Sagenfigur) 102, 115
Pasteur, Louis 208
Pavia (San Michele Maggiore) 27
Pennick, Nigel 125
Penzance 48, 129
Phädra (griech. Mythol.) 102
Pietroni, Patrick 202, 207
Pikten (Volksstamm) 104
Pinchen, Robert J. 167
Plinius der Ältere 87, 162
Plunkett, E. J. M. D. 159
Polge, Coral 207
Poor (Bischof) 56
Porlock 134 (siehe auch Exmoor Forest)
Port Isaac 99
Poseidonios 84
Post, Laurence van der 202
Princes Risborough 73

Quellen siehe Brunnen

Ramsey, David 196
Red Hill 71
Repton, Humphrey 13 f.
Richard von Cornwall 97, 105
Rillaton 84
Ringwälle siehe Erdbefestigungen
Roberts, Ursula 207
Robin Hood's Bay 198
Rollright Ring 21, 33, 46
Rom 27, 162 ff.
Römer 10, 27 f., 50, 57, 75, 80, 83, 87, 104, 117, 126
Roswitha von Gandersheim 164
Royal Roads siehe Königsstraßen
Rushworth, Winfried 202

Sachsen (Volksstamm) 50, 57, 87, 104, 110, 154
Saint Aubyn (Oberst) 72
Saint Augustine's Well 54, 126 ff. (siehe auch Cerne Abbas)
Saint Cleer (Arthur's Quoit) 91
Saint Ives 51
–, Barbara-Hepworth-Museum 51
Saint Michael's Mount 71 f., 109
Saint-Tropez 19
Sakkara 40
Salisbury 54 ff., 58 ff., 71, 73, 140 (siehe auch Old Sarum)
–, Kathedrale 57 ff., 71, 140 f.
– –, »Chapter House« 59
Salthouse 168
Sandway 76 (siehe auch Exmoor Forest)
Sandwich 71

Saxthorpe 153
–, Mannington Hall siehe dort
Scarborough 146, 149 f.
–, Friedhof 149 f.
–, Saint Mary's Church 146, 149
Schloß Blenheim siehe Blenheim Castle
Schotten 104
Schottland 67, 118, 122
Schure, Edouard 89
Schwabe, Julius 23
Scott, Peter 26
–, Robert Falcon 26
Scunthorpe 29
Sesshu (Zen-Meister) 22
Shakespeare, William 27, 75, 185
Sheffield Park Garden 12
Sherborne 54
Shirburn Castle 73
Shropshire 13
Silbury Hill 10, 40 (siehe auch Avebury)
Silurer (Volksstamm) 80
Sirach (Prophet) 163
Sir Ector (Sagenfigur) 99
Slaughterbridge 90, 92 f.
»Society of the Inner Light« 106
Somerset 15, 24, 90, 104, 131, 144
Sonteil, Ursula 125
Spangler, David 122
Spiritisten 201 ff.
»Spiritualist Association of Great Britain« 202 f.
Spukgestalten:
Askew, Anne 197
Beckett, Thomas 197
Benedictus, Pater, 195
Boleyn, Anne 193, 197
Bradshaw, John 195
Chapman, Annie 196
Countess of Salisbury 197

Duke of York 197
Elisabeth I. 190
Georg II. 194
Georg III. 190
Heinrich VI. 194
Heinrich VIII. 190
Herne the Hunter 190, 193
Hund von Baskerville 197 f.
Isabella, Königin 193
Katharina von Aragon 193
Lambert, Percy 199 f.
Lord Holland 194
»Old Jimmy Garlic« 194 f.
Percy, Henry 197
Raleigh, Sir Walter 197
Seymour, Jane 193
Sunex Amures 187 ff.
»The Wicked Lady« Catherine Ferrers 189
Spukorte:
Aspley Guise 185
Aylmerton 199
Bisham Abbey 187
Blickling Hall (Aylsham) 193
Borley Rectory (Borley) 187 f.
Broakland (Weybridge) 199
Bywater Itouse (Boldre) 187
Castle Rising 193
Chilbolton 187
Deal 188
-, Goodwin Sands 188 f.
Kimbolton Castle (Huntingdon und Peterborogh) 193
London 192 ff., 200
Markyate Cell (Weatherhampstead) 189
Robin Hood's Bay 198
Ross Hall (Beccles) 187 f.
Sheperton 187
Uplyme 199
-, »The Black Dog« 199
Windsor Castle 190, 193
-, Park 190
Staffordshire 19
Steinkreise:
Avebury 21, 25, 34 f., 39 ff., 45, 71 f., 78
Castlerigg 43 ff.
Cheesewring 71
Old Sarum 54 ff.
Rollright Ring 21, 33, 46
Stonehenge 10, 19, 21, 25, 31, 35 ff., 45, 54 f., 60, 71, 83
Withypool Hill 75
Stiffkey 168
Stoke Saint Mary 24
Stonehenge 10, 19, 21, 25, 31, 35 ff., 45, 54 f., 60, 71, 83
Strabo (Geschichtsschreiber) 83 f.
Straßburg (Münster) 147
Sufis (Islam) 148, 164
Sul (kelt. Mythol.) 125
Sussex 12, 19
Sutton Bridge 26
Swindon 39

Tabor (Berg) 108
Tarr Steps 60 ff. (siehe auch Exmoor Forest)
Templer (Orden) 24, 196
Templerorden/Tempelritter siehe Templer
Thatcher, Margret 207
»The Hurlers« 34
The Long Man of Wilmington 19, 51
Themse 13, 73, 159

Theseus (griech. Mythol.) 27 f., 102
Thomas, Dylan 200
Thor (nord.-germ. Mythol.) 52
Tintagel 71, 82, 92 ff., 96 ff., 102 f.
-, Hall of Chivalry 94
-, Merlin's Cave 95
Titicacasee 116
Tolland, John 87
Toskana 57
Totteridge 24
Trent (Fluß) 29
Tristan, Ritter (Sagenfigur) 98 ff.
Troja 27, 29
Tudor (Herrscherhaus) 92
»Tudor-Tour« 153
Turner, Joseph Mallord William 35, 103
Tussaud, Marie (Mme.) 193
Twickenham (Herrensitz) 153
»Twitcher« (Vogelbeobachter) 172 f.

Uckfield 12
Uffington white horse 19
Ulm (Münster) 147
Uplyme 199
Upway 128
USA 122
Uther Pendragon, König (Sagenfigur) 98
»U2« (Popgruppe) 35

Vergil 102 f.
Viktoria, brit. Königin 19
Viviane, Fee (Sagenfigur) 103, 157

Wagner, Richard 101, 188
Walcot (Kloster) 28
Wales 67, 85, 111, 133
Waliser 111

Walpole, Robin 153, 160 f.
–, Horace 153
–, Robert 153
Walsingham 125, 131, 139, 180
Waltham (Kloster) 142
Warham Camp 55, 179, 181 ff.
Warwick Castle 12
Watkins, Alfred 58, 63 ff., 68 ff.
Watling Street 66 (siehe auch Königsstraßen)
Wear (Fluß) 142
Wedd, Tony 70
Wells 144
–, Kathedrale 144 ff.
–, –, Chapter House 145 ff.
–, –, Marienkapelle 147 f.

Wells-next-the-Sea (Norfolk) 139 f., 180
Wessex 125
Westbury white horse 19
Weston 13
Weymouth 128
Wheddon Cross 82
Wikinger 119, 122
»Wild Bird Protection Society« 167
Wilhelm I. (der Eroberer), engl. König 57, 105
Wiltshire 13, 19
Winchester 92
–, Castle 92
Wing 29
Winifred (kelt. Heilige) 133

Winsford 61 (siehe auch Exmoor Forest)
– Hill 80
Withypool 76 f., 81 f., 134 (siehe auch Exmoor Forest)
– Hill 75
Wiveton 177
Woodhenge 23
Wordworth, William 138
Wren, Sir Christopher 195 f.

York (Adelsgeschlecht) 165
Yorkshire 13, 149

Zimmer-Bradley, Marion 90

Reisen zu den magischen Plätzen Englands

in Kleingruppen mit individueller Betreuung

Plätze besonderer Naturmagie an der Küste Nordnorfolks
(Blakeney Point, Warham Camp u.a.)

Magische Orte im Südwesten Englands
(Cornwall und Exmoore Forest u.a.)

Magische Orte in Englands Norden
(Lindisfarne/Holy Island und Castlerigg-Steinkreis u.a.)

Termine nach individueller Absprache
vom März bis Mitte September.
Die Reisen sind 10 bzw. 14 Tage lang und umfassen u.a.
kreative Meditationen, sachkundliche Führungen
und bewußte Naturerlebnisse.

Nähere Informationen:

Klausbernd Vollmar

Diplompsychologe und H.P.

Cobblestones, Cley next the Sea, Holt, GB-Norfolk NR 25 7RE
Telefon und Fax 0263-740304

c/o M. Haeusler, Kettelerstr. 6, D-5014 Kerpen-Horrem
Fax 02273-69248

Heute schon geträumt?

Dieses Handbuch bietet in rund 2000 Eintragungen von "Aal" bis "Zypresse" eine fundierte und hilfreiche Wegweisung durch die Welt der Traum-Symbole. Seine besonderen Vorteile liegen in der Aktualität, der Vollständigkeit und der Verständlichkeit der Deutungen und Beispiele. Auch aktuelle Traumbilder – wie z.B. "Fernsehen", "Umweltverschmutzung" oder "Zahlungsziel" – werden hier erläutert (und häufig zum ersten Mal in der Literatur berücksichtigt). Ein zuverlässiger Ratgeber und ein praktisches Nachschlagewerk in einem.

**Klausbernd Vollmar: Handbuch der Traum-Symbole.
320 S., gebunden, mit Lesebändchen,
ISBN 3-927808-14-8, DM 38,-**

Klausbernd Vollmar / Johannes Fiebig:
Gelebte Träume sind die besten Träume.
Einführung in die Traumdeutung.

ca. 128 Seiten, Paperback, ISBN 3-927808-17-2

„Träume zu deuten, heißt zuallererst, *Träume zu haben:* Sich für sein Leben etwas zu wünschen und vorzunehmen." Eine gut lesbare, leichtverständliche Einführung in die Traumdeutung, mit Beispielen und zahlreichen Praxistips.

Königsfurt Verlag
Königsfurt 6
D-2371 Post Bredenbek